写作业不拖拉

高效训练方案
40单元精华课程

汪骏　编著

全国百佳图书出版单位
时代出版传媒股份有限公司
黄山书社

内容简介

本书为国内第一套完整提升小学生学习能力和培养良好习惯的家庭训练方案。本书紧扣小学生现实学习问题,运用现代认知发展和心理学学习理论,从视、听、动、知觉训练出发,把能力训练、习惯培养、心理咨询和知识辅导有机结合起来,整合成一套行之有效的系统化训练方案。

本书用生动有趣的训练模式、系统有趣的操作方法,培养孩子良好的学习习惯,让孩子高效完成作业、彻底告别拖拉。40单元的训练内容充实丰富,全国培训受益学生近万人。

本书集作者近十年的训练经验,内含典型的案例和独特的理论视角,为全国教育科学重点课题"学生问题咨询与教育对策"子课题研究成果,可供学校、家庭和教育培训机构等借鉴使用。

序　言

钱志亮

学习是家长、老师和孩子必须面对的现实,家长、老师要为孩子的升学忙碌,孩子也需要加入学习和考试的大军,并为之拼搏,许多孩子面对学习十分痛苦,甚至产生厌学情绪,自暴自弃。

我经常听到家长抱怨孩子说:"不谈学习什么都好,就是太贪玩啦,不知道什么时候才能开窍。"其实,这不能完全怪孩子。多年来,我研究儿童发展的差异,发现儿童是存在个体差异的。这种差异有智力方面的,也有动机兴趣方面的,还有家庭、学校、环境方面的。差异的原因包括:先天性因素(如遗传素质、孕期、产程差异等)、环境因素(如生存成长环境、家长抚养方式等)、教育因素(如早期教育的时间、程度、方式等)、主观能动性因素(如主动积极还是被动消极等)。可见儿童的个体差异很大,我们不能用一个标准去衡量他们,在儿童的成长过程当中,学习能力是非常重要的,需要去挖掘和增强,这需要老师、家长和孩子的共同努力。

近年来在与家长的交流中,我明显感到家长学习家庭教育理念和方法的热情很高,希望能够找到适合自己孩子的教育思路和方法,过去家长在教育孩子的时候,更多的是沿袭父辈的方法,而当今的家长接受信息的渠道要广泛得多,遇到问题的时候他们会冷静地思考,显得更加的理性和科学。有一些家长已经有了超前意识,希望在孩子没有出现问题之前,就能够提前预见并有相应的解决对策。因此,帮助家长获取一些关于学习能力和学习习惯的方法和技巧,将会给儿童的成长和发展带来一些有益的帮助。

本书的作者汪骏在读北师大教育管理学院的研究生，不才在讲授《教育学原理》时有幸与他结识，我对作者面向真正的教育实际问题研究的态度十分欣赏！多年来，作者从实践中发现问题，深入研究小学生的学习问题，紧紧抓住小学生的学习习惯和学习能力，以帮助小学生突破学习困难瓶颈、发展学习能力为宗旨，研究开发了能力突破训练体系，既有小班化教学，又有个性化的家庭辅导方案和训练书籍，切切实实地帮助孩子走出学习的痛苦，找到学习的乐趣。

书籍的训练方法都是作者经过对许多孩子和家长在训练中探索、尝试和反复验证的结果。这些方法在轻松愉快的氛围中增强了能力，养成了好习惯，同时还可以融洽亲子之间的关系，增进亲子之间的感情，寓教于乐，具有很好的操作性和指导性。

同时书籍中所涉及的能力也比较全面，从大肌肉的发展到手部精细动作，再到听、视、知觉和注意力，以及阅读、思维能力和非智力因素等等，几乎涵盖了儿童发展的方方面面。因此，这样的训练方法适合儿童发展的需要，不仅适合于学习上需要补差的儿童，同时对学习上需要提优的儿童也有很好的指导意义。这些训练是以儿童的能力发展为基础，能力的增强会促进儿童学习的信心和成绩的进步。对于希望自己的孩子学会学习的家长来说，是一本难得的好教材，值得一读。

当然，我们对于学习的探索是没有止境的，作者所设计的训练也会有一些不尽人意的地方，但他们对教育的投入和热情，和为每个儿童所付出的努力，以及对家长的热诚，相信会得到每位家长的认同。

钱志亮

2009 年 10 月于北京师范大学

(作者为北京师范大学教育学部硕士生导师；"北京师范大学名师"；兼任中国儿童安康成长专家委员会秘书长、中国教育学会中青会秘书长、国家未成年人保护法修订专家委员。)

目 录 | Contents

第一部分

001	一、写作业的要求
002	二、影响写作业的七大因素
004	三、环境训练方案
006	四、情绪训练方案
008	五、认知训练方案
010	六、策略训练方案
011	七、写作业习惯调整记录表
016	八、写作业效率水平测试

第二部分

活动一

019	一、调整写作业习惯
020	二、必做训练项目
020	第一关　手部"广播体操"
020	第二关　系鞋带
020	第三关　扣纽扣
021	第四关　金鸡独立
021	第五关　连点成画
022	三、补充训练项目
022	第六关　照相机
022	第七关　全神贯注

活动二

023	一、调整写作业习惯
023	二、必做训练项目
023	第一关　静坐
024	第二关　连点成画

024	第三关　照相机
025	第四关　看谁对得准
026	第五关　对称画图
026	第六关　全神贯注
027	三、补充训练项目
027	第七关　涂涂画画
027	第八关　端拍行走
027	第九关　趴地推球
028	**活动三**
028	一、调整写作业习惯
028	二、必做训练项目
028	第一关　手部"广播体操"
029	第二关　系鞋带
029	第三关　扣纽扣
029	第四关　金鸡独立
029	第五关　连点成画
030	三、补充训练项目
030	第六关　照相机
031	第七关　全神贯注
032	**活动四**
032	一、调整写作业习惯
032	二、必做训练项目
032	第一关　静坐
032	第二关　连点成画
033	第三关　照相机
034	第四关　看谁对得准
035	第五关　对称画图
035	第六关　全神贯注
035	三、补充训练项目
035	第七关　涂涂画画
036	第八关　端拍行走
036	第九关　趴地推球
036	**活动五**

036		一、调整写作业习惯
037		二、必做训练项目
037		第一关　手部"广播体操"
037		第二关　系鞋带
038		第三关　扣纽扣
038		第四关　金鸡独立
038		第五关　连点成画
039		三、补充训练项目
039		第六关　照相机
040		第七关　全神贯注

041		**活动六**
041		一、调整写作业习惯
041		二、必做训练项目
041		第一关　静坐
042		第二关　连点成画
042		第三关　照相机
043		第四关　看谁对得准
043		第五关　对称画图
044		第六关　全神贯注
045		三、补充训练项目
045		第七关　涂涂画画
045		第八关　端拍行走
045		第九关　趴地推球

045		**活动七**
045		一、调整写作业习惯
046		二、必做训练项目
046		第一关　手部"广播体操"
047		第二关　系鞋带
047		第三关　扣纽扣
047		第四关　金鸡独立
047		第五关　连点成画
048		三、补充训练项目
048		第六关　照相机
049		第七关　全神贯注

活动八

049　一、调整写作业习惯
050　二、必做训练项目
050　　第一关　静坐
050　　第二关　连点成画
050　　第三关　照相机
051　　第四关　看谁对得准
052　　第五关　对称画图
053　　第六关　全神贯注
053　三、补充训练项目
053　　第七关　涂涂画画
053　　第八关　端拍行走
053　　第九关　趴地推球

活动九

054　一、调整写作业习惯
055　二、必做训练项目
055　　第一关　动动手
055　　第二关　穿衣戴帽
055　　第三关　百发百中
056　　第四关　气功大王
056　　第五关　对墙接球
057　　第六关　穿针引线
057　三、补充训练项目
057　　第七关　香蕉菠萝打擂台
058　　第八关　你追我赶
058　　第九关　原地单脚跳

活动十

058　一、调整写作业习惯
059　二、必做训练项目
059　　第一关　静坐
059　　第二关　动动手
059　　第三关　穿衣戴帽
060　　第四关　香蕉菠萝打擂台

061	第五关	百发百中
061	第六关	气功大王
062	三、补充训练项目	
062	第七关	穿珠游戏
062	第八关	双手上抛接球
062	第九关	不倒翁

063	**活动十一**	
063	一、调整写作业习惯	
063	二、必做训练项目	
063	第一关	动动手
064	第二关	穿衣戴帽
064	第三关	百发百中
065	第四关	气功大王
065	第五关	对墙接球
066	第六关	穿针引线
066	三、补充训练项目	
066	第七关	香蕉菠萝打擂台
067	第八关	你追我赶
067	第九关	原地单脚跳

067	**活动十二**	
067	一、调整写作业习惯	
068	二、必做训练项目	
068	第一关	静坐
068	第二关	动动手
069	第三关	穿衣戴帽
069	第四关	香蕉菠萝打擂台
070	第五关	百发百中
070	第六关	气功大王
071	三、补充训练项目	
071	第七关	穿珠游戏
071	第八关	双手上抛接球
071	第九关	不倒翁

072	**活动十三**	

072	一、调整写作业习惯
072	二、必做训练项目
072	第一关　动动手
073	第二关　穿衣戴帽
073	第三关　百发百中
074	第四关　气功大王
074	第五关　对墙接球
074	第六关　穿针引线
075	三、补充训练项目
075	第七关　香蕉菠萝打擂台
076	第八关　你追我赶
076	第九关　原地单脚跳

活动十四

076	一、调整写作业习惯
076	二、必做训练项目
076	第一关　静坐
077	第二关　动动手
077	第三关　穿衣戴帽
078	第四关　香蕉菠萝打擂台
078	第五关　百发百中
079	第六关　气功大王
080	三、补充训练项目
080	第七关　穿珠游戏
080	第八关　双手上抛接球
080	第九关　不倒翁

活动十五

081	一、调整写作业习惯
081	二、必做训练项目
081	第一关　动动手
081	第二关　穿衣戴帽
082	第三关　百发百中
083	第四关　气功大王
083	第五关　对墙接球
084	第六关　穿针引线

084	三、补充训练项目
084	第七关　香蕉菠萝打擂台
085	第八关　你追我赶
085	第九关　原地单脚跳

085	**活动十六**
085	一、调整写作业习惯
086	二、必做训练项目
086	第一关　静坐
086	第二关　动动手
087	第三关　穿衣戴帽
087	第四关　香蕉菠萝打擂台
088	第五关　百发百中
088	第六关　气功大王
089	三、补充训练项目
089	第七关　穿珠游戏
090	第八关　双手上抛接球
090	第九关　不倒翁

090	**活动十七**
090	一、调整写作业习惯
090	二、必做训练项目
090	第一关　目不转睛
091	第二关　一模一样
092	第三关　香蕉菠萝打擂台
092	第四关　一分为二
092	第五关　气功大王
094	第六关　一笔一画
094	第七关　单手摇绳
094	第八关　对号入座
095	第九关　克隆
095	第十关　模仿动物跳

095	**活动十八**
095	一、调整写作业习惯
096	二、必做训练项目

096	第一关	目不转睛
096	第二关	一模一样
097	第三关	香蕉菠萝打擂台
097	第四关	一分为二
098	第五关	气功大王
099	第六关	一笔一画
099	第七关	雨点节奏曲
100	第八关	对号入座
100	第九关	克隆
100	第十关	模仿动物跳

101	**活动十九**	
101	一、调整写作业习惯	
101	二、必做训练项目	
101	第一关	目不转睛
102	第二关	一模一样
102	第三关	香蕉菠萝打擂台
103	第四关	一分为二
103	第五关	气功大王
104	第六关	一笔一画
105	第七关	单手摇绳
105	第八关	对号入座
105	第九关	克隆
106	第十关	模仿动物跳

107	**活动二十**	
107	一、调整写作业习惯	
107	二、必做训练项目	
107	第一关	目不转睛
107	第二关	一模一样
108	第三关	香蕉菠萝打擂台
109	第四关	一分为二
109	第五关	气功大王
110	第六关	一笔一画
111	第七关	雨点节奏曲
111	第八关	对号入座

112	第九关　克隆
112	第十关　模仿动物跳

活动二十一

113	一、调整写作业习惯
113	二、必做训练项目
113	第一关　目不转睛
114	第二关　一模一样
114	第三关　香蕉菠萝打擂台
115	第四关　一分为二
115	第五关　气功大王
116	第六关　一笔一画
117	第七关　单手摇绳
117	第八关　对号入座
117	第九关　克隆
118	第十关　模仿动物跳

活动二十二

118	一、调整写作业习惯
118	二、必做训练项目
118	第一关　目不转睛
119	第二关　一模一样
120	第三关　香蕉菠萝打擂台
120	第四关　一分为二
121	第五关　气功大王
122	第六关　一笔一画
122	第七关　雨点节奏曲
122	第八关　对号入座
123	第九关　克隆
123	第十关　模仿动物跳

活动二十三

124	一、调整写作业习惯
124	二、必做训练项目
124	第一关　目不转睛
125	第二关　一模一样

125	第三关	香蕉菠萝打擂台
126	第四关	一分为二
126	第五关	气功大王
128	第六关	一笔一画
128	第七关	单手摇绳
129	第八关	对号入座
129	第九关	克隆
129	第十关	模仿动物跳

活动二十四

130	一、调整写作业习惯
130	二、必做训练项目
130	第一关　目不转睛
130	第二关　一模一样
131	第三关　香蕉菠萝打擂台
132	第四关　一分为二
133	第五关　气功大王
134	第六关　一笔一画
134	第七关　雨点节奏曲
134	第八关　对号入座
135	第九关　克隆
135	第十关　模仿动物跳

活动二十五

136	第一关　写数字
136	第二关　一模一样
137	第三关　吊数字
138	第四关　数字大串烧
138	第五关　一笔一画
138	第六关　写反字母
139	第七关　对对碰
139	第八关　对号入座
140	第九关　拼七巧板
140	第十关　夹豆
140	第十一关　看一看,画一画
	竞争

141		**活动二十六**
141		第一关　写数字
141		第二关　一模一样
142		第三关　坐数字
142		第四关　字母大串烧
143		第五关　一笔一画
143		第六关　写反字母
143		第七关　对对碰
144		第八关　对号入座
144		第九关　拼七巧板
144		第十关　缝图形
144		第十一关　看一看，画一画
		鳄鱼和鹿
146		**活动二十七**
146		第一关　写数字
146		第二关　一模一样
147		第三关　穿数字
147		第四关　数字大串烧
148		第五关　一笔一画
148		第六关　写反字母
149		第七关　对对碰
149		第八关　对号入座
149		第九关　拼七巧板
149		第十关　夹豆
150		第十一关　看一看，画一画
		合作
151		**活动二十八**
151		第一关　写数字
151		第二关　一模一样
152		第三关　吊数字
152		第四关　字母大串烧
153		第五关　一笔一画

154	第六关　写反字母
154	第七关　对对碰
155	第八关　对号入座
155	第九关　拼七巧板
155	第十关　缝图形
155	第十一关　看一看,画一画
	乌鸦

156	**活动二十九**
156	第一关　写数字
157	第二关　一模一样
157	第三关　坐数字
158	第四关　数字大串烧
158	第五关　一笔一画
159	第六关　写反字母
159	第七关　对对碰
160	第八关　对号入座
160	第九关　拼七巧板
160	第十关　夹豆
160	第十一关　看一看,画一画
	送你一把伞

162	**活动三十**
162	第一关　写数字
162	第二关　一模一样
163	第三关　穿数字
164	第四关　字母大串烧
164	第五关　一笔一画
164	第六关　写反字母
165	第七关　对对碰
165	第八关　对号入座
165	第九关　拼七巧板
166	第十关　缝图形
166	第十一关　看一看,画一画
	狼的陷阱

167	**活动三十一**
167	第一关　写数字
168	第二关　一模一样
168	第三关　吊数字
169	第四关　数字大串烧
169	第五关　一笔一画
170	第六关　写反字母
170	第七关　对对碰
171	第八关　对号入座
171	第九关　拼七巧板
171	第十关　夹豆
171	第十一关　看一看，画一画　猫和老鼠

173	**活动三十二**
173	第一关　写数字
173	第二关　一模一样
174	第三关　坐数字
174	第四关　字母大串烧
175	第五关　一笔一画
175	第六关　写反字母
176	第七关　对对碰
177	第八关　对号入座
177	第九关　拼七巧板
177	第十关　缝图形
177	第十一关　看一看，画一画　长胡子的老人

178	**活动三十三**
178	第一关　羊肉串
179	第二关　吊字母
179	第三关　字母大串烧
180	第四关　画面回放
180	第五关　打扑克
180	第六关　对对碰
181	第七关　写反数字

181	第八关 顶沙袋
181	第九关 看一看,画一画
	奇异的鹅卵石
183	第十关 智慧三级跳
	靠自己

活动三十四

184	
184	第一关 羊肉串
184	第二关 坐字母
185	第三关 双手画
185	第四关 画面回放
186	第五关 打扑克
186	第六关 对对碰
187	第七关 写反数字
187	第八关 夹物翻滚
188	第九关 看一看,画一画
	猎人乌恩
189	第十关 智慧三级跳
	昂起头来真美

活动三十五

190	
190	第一关 羊肉串
190	第二关 穿字母
191	第三关 字母大串烧
191	第四关 画面回放
192	第五关 打扑克
192	第六关 对对碰
193	第七关 写反数字
194	第八关 顶沙袋
194	第九关 看一看,画一画
	三只山羊
195	第十关 智慧三级跳
	小树的自由

活动三十六

196	
196	第一关 羊肉串
196	第二关 吊字母

197	第三关	双手画
197	第四关	画面回放
198	第五关	打扑克
198	第六关	对对碰
198	第七关	写反数字
199	第八关	夹物翻滚
199	第九关	看一看，画一画 聪明的农夫
200	第十关	智慧三级跳 小猪照镜子

201	**活动三十七**	
201	第一关	羊肉串
202	第二关	坐字母
202	第三关	字母大串烧
203	第四关	画面回放
203	第五关	打扑克
204	第六关	对对碰
204	第七关	写反数字
205	第八关	顶沙袋
205	第九关	看一看，画一画 聪明的蚂蚁
206	第十关	智慧三级跳 慢腾腾的邻居

207	**活动三十八**	
207	第一关	羊肉串
207	第二关	穿字母
208	第三关	双手画
209	第四关	画面回放
209	第五关	打扑克
209	第六关	对对碰
210	第七关	写反数字
210	第八关	夹物翻滚
211	第九关	看一看，画一画 烙饼和猪

212	第十关	智慧三级跳
		兔兔跳绳

活动三十九 — 213

213	第一关	羊肉串
213	第二关	吊字母
214	第三关	字母大串烧
214	第四关	画面回放
215	第五关	打扑克
215	第六关	对对碰
216	第七关	写反数字
217	第八关	顶沙袋
217	第九关	看一看，画一画
		狐狸和啄木鸟
218	第十关	智慧三级跳
		小鼹鼠请客

活动四十 — 219

219	第一关	羊肉串
220	第二关	坐数字
220	第三关	双手画
221	第四关	画面回放
221	第五关	打扑克
221	第六关	对对碰
222	第七关	写反数字
223	第八关	夹物翻滚
223	第九关	看一看，画一画
		三只小鸡的朋友
224	第十关	智慧三级跳
		羊狼签约

第一部分

一、写作业的要求

"作业"指老师布置给学生带回家完成的练习题,目的是巩固课堂学习的知识和技能。本书中的"作业"的范围开始扩大,指孩子放学后在家里的一种自我管理学习,或者是一种自我调节学习,包括了放学后孩子在家里进行的整个学习过程。

作业的定义

写作业基本要求:

1. 写作业时要有时间观念,可做时间的预估。

2. 把所有的作业按照科目分开,可以在两门功课的作业之间安排适当的休息时间。将要完成的作业进行时间的预计。

3. 在写作业前花 5~10 分钟洗手、上厕所、喝水和吃零食,写作业时不得随意走动、看电视、做小动作等等。

4. 一般情况下主张先写作业后玩,这样时间安排比较从容。

5. 孩子不会做的题目不要马上回答他,家庭作业都不是很难,只要让孩子多想一想都能回答出来。要克服学习上的畏难情绪。

6. 不会做的难题先空下来,先做下面的题目,不要在难题上花费太长的时间,以免产生急躁情绪,耽误写作业的时间。可以把难题放在最后来写。

7. 完成作业后需要仔细检查。

8. 家长可列一张写作业习惯调整表(详细内容见后),完成好的给孩子贴星星。若星星积累到一定数量就满足孩子一个小愿望,以激发动力。

写作业不同阶段的家长做法:

初级阶段:孩子没有养成检查作业的习惯时,家长需要和孩子一起检查作业。

中级阶段:家长可以指出孩子作业中一些错误的地方,同时在记录本上留些空白尽量让孩子自己去填。或者告诉孩子有几处错误,让孩子自己去发现改正。

高级阶段:只告诉孩子有错误即可,直到孩子自己全部发现为止。如果没有发现并全部改正,不能进行下一步的作业。

对不同水平学生的不同要求:

差生:应该及时解决作业中发现的问题,有些问题甚至不是当天所学的内容,而涉及以前学习的内容,那么就应该将今天所学的和以前所学的联系起来进行复习,解决问题。

中等生:在认真完成老师布置的作业后,根据自己情况,积极地再做一些补充训练。

优等生:如果认为自己对当天的功课掌握得不错,在完成作业后,应该再做一些提高性的题目。如果时间比较紧张,可以在老师允许的前提下,将老师布置的作业做适当删减,然后利用节余时间做一些提高性的题目,或者转向自己比较薄弱的课程。

二、影响写作业的七大因素

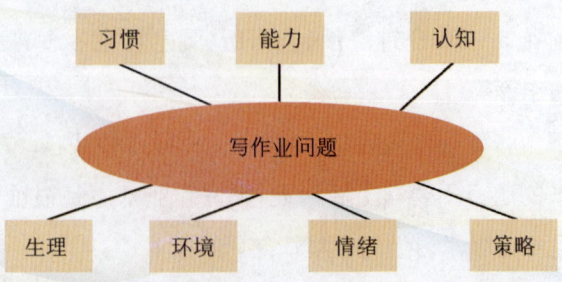

写作业问题受到七个因素的影响，分别是：生理、环境、情绪、策略、认知、能力、习惯。

生理层面：是指孩子大肌肉和手部精细动作的发展状况。因为写字的时候要涉及手部的力量、速度和角度，坐在那儿写字的时候需要腰部、背部和臀部的肌肉支撑。测试发现写作业慢的孩子大约有10%是手部精细动作发展不足导致的握笔姿势不正确，手指距离笔尖太近，影响书写；另一方面是下笔太重，写到一定程度就会觉得手部疲劳。

环境层面：主要是指家长的教育环境和孩子学习的空间环境。所谓家庭作业就是在家里完成的作业，孩子在家里时，写作业是一个重要的环节，家长对待孩子写作业的态度能够反映家长的教育习惯和能力。孩子的空间环境是指孩子在家的学习环境。

情绪层面：俗话说"心情愉快动作就快"，而在实际生活中，孩子的情绪会受到家长、老师、同伴或者其他事情的影响。孩子在学校被老师批评、与同学闹矛盾、在学习上遭受挫折等等都有可能将情绪带回家，严重的可能无法进入写作业状态，还有在家里，家长读书、看报或看电视也可能引起孩子情绪上的反感。

策略层面：主要是指孩子的学习策略，比如遇到不会写的题目就会停在那儿思考，时间一长心情就烦躁，思路反而乱了，既耽误时间又影响后面的正确率和做题速度。

认知层面：反映了孩子知识学习的能力，有的孩子对所学的内容不懂，理解能力弱，就无法完成课程的学习，这种情况需要父母给予孩子适当的帮助，将欠缺的知识内容弥补起来。

能力层面：包括注意力和视知觉方面，这需要渐渐积累的过程，是整个调整的重点之一。

习惯层面：是整个调整的重点之一，因为写作业的问题绝大多数都是习惯引起的。

从上图可以看出，生理、环境、情绪和策略是基础，这几个环节协调不好会从心理上影响孩子的成长，在这四个基础因素解决以后才能解决认知、能力和习惯这几个层面。

训练基本上从这七个影响因素展开。下面列举环境、情绪、认知、策略四个层面的训练方案。

三、环境训练方案

方案 1 营造良好的学习氛围（家庭软环境）

针对问题	应 对 策 略	备注
家长自身不学习	父母反思自身的行为，家长津津有味的阅读，就是最好的示范。读书需要静心，读书也能培养静心，阅读是孩子成长的一面保护伞。	
不和孩子一起互动学习	每个孩子都有旺盛的学习热情，都有自己合适的学习方式。带孩子一起去书店、图书馆、博物馆等人文气息浓厚的地方，拓展孩子的视野，养成尊重知识、热爱学习的热忱。	
夫妻感情不和谐，缺乏温馨的家庭环境	多为孩子考虑，千万不要忽视孩子的存在，尽量减少给孩子心理上带来的负面影响。尽量不要当着孩子的面发生争吵或者拿孩子当出气筒，要在孩子面前表示出温馨和睦的一面。	
老人对孩子过度宠爱	与老人进行委婉的沟通，达成共识，使全家人在教育思路上形成一致。哪怕当时老人心里有点意见，等过一段时间，看到了孩子的变化，自然也会体谅。	

方案 2 激发学习的动力（家庭软环境）

针对问题	应 对 策 略	备注
和孩子交流不畅	增进亲子沟通，了解孩子的想法，关注孩子学习以外的事情，营造轻松愉快的家庭氛围。	
孩子的好奇心和求知欲不足	与孩子一起交流、讨论问题，多问一些为什么，启发孩子思考，引导孩子自己寻找答案。	
孩子有依赖情绪和心理	从生活中的小事做起，教会孩子独立，让孩子感受自己解决问题后得到的成就感。	
对孩子学习行为赞赏不够	鼓励孩子的学习行为，在学习中轻松地就处于领先地位的孩子，一般都很喜欢看书。大量的阅读使得他们的知识面很广，理解能力强，心里很充实，没有什么不良嗜好，不会过分沉溺于某一行为。	

方案 3　用音乐放松心情（家庭硬环境）

针对问题	应 对 策 略	备注
音乐让孩子分心	优雅、耐听的音乐可以放松孩子的心情，促进孩子大脑的运转，心情愉快，动作自然就会快起来，提高孩子的学习效率。所以在孩子写作业时，设计一定的背景音乐是必要的。	
不知选择什么样的音乐	根据孩子的喜好，选择舒缓优美的轻音乐做背景音乐，不能让孩子把注意力放在了音乐上。可选择如国外的班德瑞音乐，或如《渔舟唱晚》《花好月圆》《空山鸟语》《平沙落雁》等古典名曲。	
孩子不喜欢听音乐	这要靠家长平时的熏陶，有意无意地放音乐给孩子欣赏，带孩子听音乐会，培养某一方面的音乐爱好。	

方案 4　让孩子远离吵闹的环境（家庭硬环境）

针对问题	应 对 策 略	备注
厨　房	让孩子换一个写作业的地方，或者把房门关上。	
电　视	不要在孩子写作业的时候打开电视，或者把电视放在距离写作业的房间比较远的地方。电视是注意力最大的杀手，而且痴迷看电视的孩子不喜欢阅读。要少看或不看电视，每天控制在 45 分钟内。	
室外噪音	给孩子找一个安静、独立的房间做作业，事先关上门窗减少噪音的干扰。另一方面让孩子意识到噪声干扰不可避免，从心理上增强抗干扰能力。平时，家长可与孩子做抗干扰的活动。	

方案 5　室内小环境（家庭硬环境）

针对问题	应 对 策 略	备注
书　桌	有个固定的学习地方，它的作用主要是在于形成一种学习地点的定向，靠窗口，自然采光，桌上整洁清爽，不要杂乱无章，以免分散注意力。	
台　灯	左侧45度采光，不是越亮越白的灯就越好，实际上每个孩子对光线的要求是不一样的，太亮的光线反而会产生眩光，使眼睛更容易疲劳。	
坐　姿	坐姿要端正，不能歪着、躺着，以保护孩子的脊柱发育，掌握眼物距离，书本与眼睛的距离最好保持在 30~35 厘米，距离太近会增加眼睛的调节负担而造成近视。	
空气流通	有的孩子需氧量高，如果门关着，缺氧，就会犯困、没精神，要保持新鲜空气流通。	

四、情绪训练方案

方案1 增强学习自信心

针对问题	应 对 策 略	备注
缺乏兴趣	家长应率先热爱学习,形成家风,以自己的言行熏陶子女。家长的学习兴趣,在一定程度上会影响到孩子的学习兴趣,从而间接地影响孩子的学习成绩。	
对上学没感觉	家长应该多向孩子讲述自己小时候在学校的趣事,向孩子多传达一些自己对学校生活美好的向往、美好的记忆的信息,努力培养孩子对学校的情感。	
不爱学知识	订阅一些报刊杂志,一方面自己拓宽知识面以便有与孩子交流的背景知识,另一方面可以以书中的某些内容为话题与孩子进行讨论与交流。可以做孩子的榜样,促进孩子学习和亲子情感交流。	
不肯动脑思考	家长不要代孩子解答难题,而是要用坚定的神色鼓励孩子去动脑筋,用热情的语言激励孩子要敢于攻克困难。在辅导孩子学习时,不能只对一课一文进行辅导,最重要的是教育孩子学会用脑,帮助孩子克服内外部的困难,使孩子树立坚定的信心。	

方案2 积极心理暗示

针对问题	应 对 策 略	备注
认为天生笨,不思进取	让孩子认识到人与人智力是有差异,但这种差别不是学习优劣的主要原因,学习的好坏主要取决于主观努力。要通过一些案例,改变错误想法,给孩子积极的暗示。	
没有合理、具体的学习目标	激发前行的动力,太低的目标,不费力气就能达到,没刺激;偏高的目标则使孩子丧失信心,失去学习的兴趣。	
觉得学习很痛苦	充分发挥网络等多媒体教学方式,帮助孩子理解、消化所学的内容,用愉快教学代替苦学,体验学习的快乐。	

方案3　调整不良情绪

针对问题	应 对 策 略	备注
被老师批评、与同学闹矛盾、在学业上遭受了挫折	家长要善于察言观色，及时发现孩子的不良情绪，理解、分析、调整。切忌不分青红皂白先从别人的角度来数落孩子，使得本已很难过的孩子更加难过。	
情绪低落，不开心	父母即使知道是孩子自己做错了，也要假装不知道，温和地询问孩子发生了什么事情，在孩子讲述的过程中通过点头或给予肢体上的支持来缓解孩子的情绪。	
被老师、同学冤枉，心里委屈	通过与孩子沟通了解情况，让孩子讲出来，讲述的过程本来就是一个发泄的过程。父母的询问与聆听在孩子看来就是一种安慰。等孩子的情绪稳定下来了再一一分析他做得不对的地方，孩子就容易接受了。	

方案4　帮助孩子把情绪合理宣泄出来

针对问题	应 对 策 略	备注
不愿说出自己的想法	关注孩子的情绪变化，多与孩子谈心，孩子情绪不稳定的时候要委婉地与孩子沟通，鼓励孩子把心里的想法说出来，这样父母才能帮助他。	
不会用合理的方式宣泄情绪	运动是一种有效的途径，动得越剧烈，越容易将心中不良的情绪蒸发出来，可能运动之后，孩子自己就可以把问题消化了。	
缺乏合适的方式	有些孩子自我消化能力比较好，给他独处的时间和空间，让孩子自己静一静，想一想，学会调整自己。	
过度放纵，如沉溺于看电视、玩游戏等等	利用轻松、有趣的方式来转移注意力本来是可以谅解的，但宣泄不能变成放纵。孩子的自控能力还不是很好，对孩子的行为要有必要的约束，在孩子下一次情绪发作的时候，告诉他调整时间只有半个小时，时间到了必须停止。	

方案5　控制负面批评的次数

针对问题	应 对 策 略	备注
负面的批评太多	父母太多的负面的批评会让孩子心中烦躁，没有人希望在自己做一件事情的时候总有一个人在耳朵边唠叨。	
批评不太合理	父母需要反省一下，对孩子的各种批评是否合理。如果不太合理的话，那就要取消。	
批评方式不合理	如孩子的坐姿不太端正、眼睛离纸面太近、字迹太过潦草等，父母可以与孩子协商好，用肢体语言如摸摸头拍拍肩膀等方式来进行提醒。	
写作业出错感到生气	可先记下做错的题目，等孩子把全部的作业都做完后，再提醒孩子去把错题仔细检查一下。	

方案 6　理解并激励因作业负担太重而烦躁的孩子

针对问题	应 对 策 略	备注
作业量太多导致心情烦躁,会出现摔笔、抓纸等狂躁的现象	父母千万不能火上加油、呵斥孩子。可以搂搂孩子,然后告诉孩子,你知道他现在很辛苦,不过努力一下,肯定能将困难挺过去。最好能举一个他以前表现好的例子来,给孩子加把劲。	

五、认知训练方案

方案 1　不会预习

针对问题	应 对 策 略	备注
只复习,不预习	父母每天抽一部分时间给孩子预习第二天的新课的内容,以预习来带复习,这样的方法才是最科学有效的。	
预习方式过于简约	在时间有限的情况下,可以把即将学习的内容简略地看看;时间充裕的时候,在细致地阅读之后,用课后练习或相关的练习册上的练习题来验证自己掌握的水平和程度。	
缺乏恒心,不能坚持	让孩子对预习的方法、意义有更进一步的了解,并且能更规范地开展预习,使预习成为学习的习惯,对学生学习产生很大的促进后,预习的行为才会变得容易得到巩固和继续。	
预习内容缺乏选择	预习是为听课服务的。预习应该是在有条件的情况下来进行的！对于学习状况较差的学生来说,比预习更为重要的是如何在做作业以外的时间里把以前的薄弱和空白点及时弥补上来,每个孩子的个体情况不一样,所以在这个问题上不能盲从。	

方案 2　不会复习

针对问题	应 对 策 略	备注
学习跟不上,听不懂	这种情况需要父母给予孩子真正的帮助,将缺少的知识弥补上来。	
不知道如何复习	每日做作业前,合上书本对今日授课的要点进行默想和回忆,越详尽越好;每周日和每一个月对讲过的内容进行查漏补缺和总结归纳。方法是重读课本,并对学习内容做书面总结,而且要做相应的练习来检验掌握的水平和程度。注意要建立"总结本"。	
寄希望于各种"记忆法"	记忆的最大关键就是不断重复,没有什么捷径可走的。每个孩子都可以成为记忆大师,这一点并不神秘。	

方案 3　从整体上帮助孩子理清框架

针对问题	应对策略	备注
孩子知识上有缺陷	除了每天晚上的预习,周末用比较长的时间来进行整体梳理,发现问题立即解决。	
孩子不知如何梳理所学内容	从完整的概念入手,把提纲性的线索给孩子,然后再一个环节一个环节地突破,最后再汇总起来。这样便于孩子掌握整体的概念,不至于陷在问题中出不来。	

方案 4　做练习时分类别进行强化

针对问题	应对策略	备注
搞题海战术	家长不能给孩子搞题海战术,让孩子深陷作业中无法出来,破坏孩子的情绪,反而达不到强化的目的。	
不知如何进行强化练习	将题型分类,减少完成时间,让孩子做短时间的强化练习,既能达到训练的目的,又不至于破坏孩子的情绪。	
举　例	比如,数学的题型,一般有填空、选择、判断、计算、应用题五部分,那就可以将选择与判断为一类,其他的为一类,孩子可以自己选择做哪一类。	

方案 5　请老师帮忙

针对问题	应对策略	备注
家长觉得自己已经讲清楚了,但孩子就是不明白	没经过任何训练的父母,有时候很难把握讲解时的角度。不要盲目地指责孩子笨,很可能是自己讲解的角度不对,可以试着尝试别的方式,必要时请家教或者老师帮忙。	
孩子接受不了	要充分考虑孩子的接受能力,不要一味地用自己的方式去讲,从孩子能够理解的角度去讲,确保孩子能理解你的意思。	

六、策略训练方案

方案 1　遇到难题时

针对问题	应 对 策 略	备注
遇到难题停在那里,甚至发呆	告诉孩子,遇到难题跳过去,先做简单的,做完以后再回来解决难题。	
孩子对难题产生畏惧或依赖情绪	要鼓励孩子多动脑筋,积极思考;对于孩子问的难题,家长不能马上给予答案,最好是询问孩子自己是怎么想的,了解他的思考思路,同时给予提示,最终的答案还是应该让孩子自己得出。	
假装自己不会做	为了防止孩子为了赶时间而假装自己不会做,父母可以规定,凡是有不会做的题目的作业项目,该项目都不进入积分系列,这样可以促进孩子自我思考。	

方案 2　计算中的问题

针对问题	应 对 策 略	备注
计算中的错误问题(除不整或除不尽,而看题目要求又明明没有这样的可能)	从源头检查,确保没有抄错题目,然后再检查计算过程。	
抄错数字或符号	训练孩子的视知觉和注意力。	

方案 3　错题整理

针对问题	应 对 策 略	备注
老出错	父母要告诉孩子解决错误的方法:第一是做完题后一定要检查;第二是要把曾经做错的题目收录在错题本中。	

方案4　正确面对考试

针对问题	应对策略	备注
缺乏策略方法	父母可指导四点： 把握全局：先通篇浏览，估计难度，做到心中有数；先易后难：把难题放一边，先写会做的；检查遗漏：检查所有题目看是否有遗漏；卷面整洁：赢得印象分。	
发挥不出平时的水平	对自己的学习习惯和应试技能及时检测，以发现薄弱环节，再加强调整；调整期待水平，用平常心对待考试的成功与失败，学会察觉对考试的不良认知，通过自我质检，及时用合理的信念取代不合理的信念。	

七、写作业习惯调整记录表

（一）行为表现表：

序	行为表现	A类	B类	C类	D类
1	回家后很长时间不写作业，先玩后写作业	☆			
2	写作业前没有完成准备工作（如洗手、上厕所、喝水、吃东西）			☆	
3	写作业前没有准备好学习用具（如铅笔没削好）				☆
4	花很长的时间才能把要写的作业拿出来摆好位置				☆
5	不知道写什么作业，少写或漏写作业			☆	
6	写作业中小动作比较多，经常玩铅笔橡皮之类	☆			
7	写作业时经常想其他的事情，作业不知道写到哪儿了		☆		
8	容易受到外界的干扰（如脚步声或电话声）		☆		
9	握笔姿势不对，坐姿不端正		☆		
10	经常依赖橡皮，错一点就擦				☆
11	不肯动脑筋，不懂就马上问家长		☆		
12	来回换作业，一样没写完就马上拿出另一样东西				☆
13	写字不认真，字迹潦草			☆	
14	回家前在学校有空余时间不写作业	☆			
15	写作业时需要父母在一旁督促				☆
16	写完作业后不收拾桌子			☆	
17	没看清楚题目就做题，错误率高		☆		

在管理学上有一个著名的定理叫"二八定理",就是要花 80% 的时间解决 20% 最重要的事情,因此我们把调整写作业习惯顺序按其重要性分为 A、B、C、D 四类,在调整上要分先后顺序,先调整前面的,再调整后面的。

A 类:重点调整对象;

B 类:次重点调整对象;

C 类:一般调整对象;

D 类:末尾调整对象;

(二)调整步骤:

1. 在训练前期,家长一定要投入一定时间和精力。

2. 习惯的调整涉及诸多因素,不可能短期内解决全部问题,要设定各个阶段的目标分别击破。每个阶段重点调整一类,按照习惯的养成需要二十一次的重复的规律,每个阶段的训练时间至少要三周,能力特别弱的孩子需要的时间会更长一点。

3. 家长与孩子约定激励措施,可以把具体的条件用合同的形式写下来。

4. 家长可画张大的表格贴在家里,一目了然。

5. 对于孩子行为的改变一定要有奖惩的措施并严格执行。该奖的奖,该罚的罚。前三天是非常关键的,尽量让孩子达到目标、完成任务,以增强孩子的信心。

6. 在时间控制方面,记时器在家长的手上,家长可以灵活掌握,以调动孩子的积极性。

7. 孩子写完作业后,要给他放松的时间,做一些自己喜欢的事情,以形成良性循环,千万不要再给孩子布置其他的作业。

8. 填好了每日的记录表以后,可以把它汇总到周记录表当中,几周下来就能看到孩子的变化。

9. 在调整的过程当中,孩子可能会有反复,当孩子的表现不尽人意时,家长千万不要急躁。

10. 家长不能急于求成,一定要坚持,孩子习惯的养成需要一个从量变到质变的过程,孩子越小越好调整,现在多花一点时间是为了以后少花一点时间。

11. 赏识是有条件的,但在学习中家长给孩子的赏识是无条件的,家长在调整过程中一定不要吝啬自己的赞美和鼓励,这样做下去过一段时间你就会尝到甜头。

(三)A 类行为调整的激励措施：

1. 准备工作：回家后不需要父母提醒就开始做作业的得 1 分，否则扣 1 分。

2. 过程表现：不良的表现，如发呆、书桌上的东西堆放无条理、被其他人干扰、做小动作等，每看到 1 次就扣掉 1 分，没有就得 1 分。

3. 时间速度：提前 10 分钟完成的得 1 分，拖迟 10 分钟完成的扣 1 分；提前 20 分钟完成的得 2 分，拖迟 20 分钟完成的扣 2 分，依此类推。

4. 提前完成：每在学校完成一个作业项目就得 1 分，完整地完成一门功课的得 3 分。

分数积到 50 分就可以闯过第一关，家长可以按事先跟孩子的约定满足孩子的一个愿望，然后第二关 100 分，以此类推。

（每项满分根据情况而订，每天四项最高 12 分）

学习习惯调整记录表（A 类）

姓名_____　　　____月____日　　　星期____

	项目名称	规定时间	开始时间	结束时间	超出时间	准备工作	过程表现	抗干扰能力	提前完成	得分情况
1										
2										
3										
4										
5										
6										
7										
8	本日累计总得分									

（四）B 类行为调整的激励措施：

1. 思想集中：做作业时思想集中，认真完成作业得 1 分；做作业时精神不集中，经常想其他事情，扣 1 分。

2. 坐姿表现：孩子坐姿端正，没有小动作得 1 分；孩子坐姿不正，东倒西歪的，小动作多,扣1分。

3. 勤于思考:孩子遇到不会做的题目能够主动思考得2分;每次遇到难题就问家长的,不思考的扣1分。

4. 认真仔细:孩子能够认真仔细地完成作业得1分;马马虎虎不认真写作业的扣1分。

分数积到50分就可以闯过第一关,家长可以按事先跟孩子的约定满足孩子一个愿望。然后第二关100分,以此类推。

学习习惯调整记录表(B类)

姓名_____　　　　_____月_____日　　　　星期_____

	项目名称	规定时间	开始时间	结束时间	超出时间	思想集中	姿势表现	勤于思考	认真仔细	得分情况
1										
2										
3										
4										
5										
6										
7										
8	本日累计总得分									

(五)C类行为调整的激励措施:

1. 完成准备工作:在写作业前完成上厕所、洗手、喝水等准备工作得1分,否则扣1分。

2. 了解作业内容:完成了所有的作业就加1分;漏掉或少写一项作业就扣1分。

3. 书写工整:字迹清晰、字面清爽,可以得到1分;字迹潦草、字面不整洁,扣1分。

4. 条理:写完作业主动整理书桌的得1分;不收拾书包、桌子的扣1分。

分数积到50分就可以闯过第一关,家长可以按事先跟孩子的约定满足孩子一个愿望。然后第二关100分,以此类推。

学习习惯调整记录表（C 类）

姓名_____　　　____月____日　　　星期____

	项目名称	规定时间	开始时间	结束时间	超出时间	完成准备工作	了解作业内容	书写认真	自己收拾	得分情况
1										
2										
3										
4										
5										
6										
7										
8	本日累计总得分									

（六）D 类行为调整的激励措施：

1. 准备工作：很快拿出作业开始写的得 1 分；拿作业写时磨磨蹭蹭扣 1 分。

2. 依赖橡皮：在写作业时很少用橡皮或不用橡皮加 1 分；经常用橡皮擦扣 1 分。

3. 来回换作业：一门认真写完再写另一门的加 1 分；来回换作业扣 1 分。

4. 需要监督：如果孩子不需要家长在旁边监督就能主动做作业的得 1 分；若要家长在旁督促才能做作业的扣 1 分。

分数积到 50 分就可以闯过第一关，家长可以按事先跟孩子的约定满足孩子一个愿望。然后第二关 100 分，以此类推。

学习习惯调整记录表（D 类）

姓名_____　　　____月____日　　　星期____

	项目名称	规定时间	开始时间	结束时间	超出时间	开始作业磨蹭	依赖橡皮	来回换作业	需要监督	得分情况
1										
2										
3										
4										
5										
6										
7										
8	本日累计总得分									

八、写作业效率水平测试

姓名_____ 年级_____ 年龄_____ 日期_____

规则：每个题目分三个选项，每个选项都有不同的分值，很少发生(0分)，偶尔发生(1分)，经常发生(2分)，根据孩子的表现给每一项打分，把分打在每一项后面，并计算总得分。

序	行为表现	出现情况			得分
1	厌烦写作业	经常	偶尔	很少	
2	在写作业时情绪低落	经常	偶尔	很少	
3	在写错时情绪暴躁	经常	偶尔	很少	
4	开始写作业需要父母提醒	经常	偶尔	很少	
5	父母不在旁边坐着就不写作业	经常	偶尔	很少	
6	记不清、没记全、忘记或故意少写作业	经常	偶尔	很少	
7	摆放文具时杂乱无章	经常	偶尔	很少	
8	写作业时不停地做小动作	经常	偶尔	很少	
9	以思考为名发呆	经常	偶尔	很少	
10	频繁用橡皮	经常	偶尔	很少	
11	书本摆放的位置不合理	经常	偶尔	很少	
12	写字过于认真(影响速度)或过于潦草	经常	偶尔	很少	
13	看一个字写一个字抬一次头或写一个字要看好几次	经常	偶尔	很少	
14	遇到不会做的作业不做独立思考或马上问父母	经常	偶尔	很少	
15	写作业中间穿插做其他事	经常	偶尔	很少	
16	卷面不整洁,涂涂改改	经常	偶尔	很少	
17	写完后自己不检查让父母检查	经常	偶尔	很少	
18	写完后自己不收拾书包和书桌	经常	偶尔	很少	
	总计：				

评分标准：

0~9分　很好

10~18分　较好

19~27分　一般

28~36分　较差

第二部分

我们先来了解一下小学生的心理行为发展特点。

孩子度过了色彩斑斓的无忧无虑的幼年时期以后,就跨入了人生的奠基阶段。童年期一般与学龄初期相吻合,自6、7岁到11、12岁。

在实施普及义务教育的国家里,儿童从这段时期起开始学校生活。为此,我们以在校儿童作为分析对象,把童年期称作人生奠基时期,主要指两个方面:童年期是培养社会各种人才所必经的奠基时期,同时也是为个人的一生发展奠定基础的时期。

童年期的特征,从发展速度上看,这是一个相对平稳的时期。儿童的身体缓缓生长,心理上一般也没有十分尖锐的自我冲突。从发展的性质上说,儿童开始掌握积累人类文化的主要工具——书面语言。借助于书面语言与学校,儿童开始有计划、有步骤、系统地学习人类所创造的文化知识,开始较有目的地认识外界世界。他们对外界的认识不再满足于"周围"这一范围。另一方面,童年期是儿童承担社会义务的起点。学习成为儿童生活中的主要活动并要受到他人的评价、接受选拔,它表明完成这种活动是社会的要求,带有一定的强制性。此外,儿童在童年期的交往范围扩大,在不同的活动和情境中属于不同的群体,会担任不同的角色。

综上所述,我们把童年期看作是儿童超越家庭范围的社会化的起始阶段,也是儿童因角色、活动、他人评价的多样化而引起的对自发形象反思的开始时期,或称为整体性的自我意识的萌生时期。

童年期的发展主要表现在心理方面。与幼儿相比,儿童的认识不仅有量的丰富,而且有质的变化。在认识来源上,发生了由口头语言、形象实物为主逐渐过渡到书面语言、不用实物伴随的概念为主;在认知过程方面,由情景或表象相随的认知过程逐渐变为经验归纳型的过程,同时无意识的、自然情景下的学习也逐渐失去了主要的地位,由有意识、有目标的、在专门的学习环境中有教师指导的学习来代替。

认知方面的另一个重要的特点是儿童在道德认知方面有较大的发展,他们逐渐理解社会的道德规范,根据行为的实际效果或用这个规范来评价别人的行为与思想。并由自己对他人的评价,以及别人对自己的评价逐渐转向自己对自己行为的道德评价。

儿童的情感体验开始复杂化。这与集体、各种儿童组织在儿童生活中占有重要的地位,儿童活动内容丰富多样化以及与学校中教师等成人、不同年级的儿童多方面交往关系的形成密切相关,也与儿童理解能力的提高、知识的扩展相关。

儿童的意志在童年期有较大的发展,学习活动的目的性、集体性、持久性与复杂性都要求儿童要为完成各种形式的学习活动付出努力,从维持注意到按时完成作业,从遵守纪律到克服学习中遇到的各种障碍。儿童期是发展儿童益智的最佳时期,由于儿童的意志力还较为薄弱,因此,更需要教育者的积极引导和帮助。如果一个孩子在小学毕业时还不能自觉地、独立地完成他能承担的任务,这将成为今后发展中的一个不利因素。

儿童与幼儿不同,他会按活动的要求计划自己的行为,对自己的行为能力加以有意的注意,能反思自己的行为过程及其后果,他重视别人对他的评价与态度,还会比较这些评价,做出自己认可的选择。

童年期教育的核心任务是帮助儿童学会学习并热爱学习;学会在特殊的社会环境——学校中生活并热爱学校、集体,做学校、集体的小主人,旨在为今后的学习和形成积极的、有所作为的人生态度打下坚实的基础。小学教育要在使学生在获取知识的同时,发展多种能力和培养良好的心理素质,使学生的身心能得到健康的、扎扎实实的发展。

为保证训练效果,特做如下说明:

· 学习是一个建构和积累的过程,训练要持之以恒,家长要记录每一次训练结果,一滴海水见证阳光,百川汇海,每天进步一点点。

· 多鼓励孩子,让孩子想做、会做、乐做,体验成功、分享快乐。课程设计遵循科学性、趣味性和多样性,让孩子在玩中学、学中玩,提升孩子的学习动力。孩子做得不理想的时候,家长千万不要发火,或显得没有耐性。

· 要培养孩子的独立思考能力。训练中要求孩子动手的,如画图、续编故事等,让孩子独立完成。

· 如果孩子某一阶段的训练停止不前,别担心,他可能遇到训练中的"高原效应",需要再一次积累力量才能再上一个台阶,此时家长的耐心、恒心将给孩子带来更多心理上的放松,心态好了,学习效率也就更高了,这样才能对孩子起到真正意义上的帮助。

· 把能力训练、习惯塑造和知识辅导结合起来,要有意识地安排孩子在训练过程中多加总结,帮助孩子在训练中把能力和知识进行正向迁移,培养孩子的思考能力。

在学科学习中年级越高,对他的思维要求越高。

· 家长切不可急于求成,每一个训练项目都应按要求操作,切忌片面追求训练中量的变化,反而破坏了孩子的学习兴趣,适得其反。

· 关注孩子的个体差异,家长需要在前三次的训练中观察孩子的状态,比如孩子哪项做得好,哪项做得不好,或者孩子要花多长时间完成某一个训练项目,对每一个训练项目的兴趣度,家长要做到心中有数。从中可以发现孩子在学习中的优势和弱势,可以根据孩子的实际情况做一些微调。

· 训练内容分为三块:

第一块为调整写作业习惯,针对学校老师所布置的作业;第二块为必做训练项目,是训练的核心项目,也是孩子需要完成的训练项目;第三块为补充训练项目,如果孩子有兴趣或时间充足,那么家长可以安排孩子做这一部分的训练。

活动一

一、调整写作业习惯

写作业(完成老师布置的作业)习惯的调整要求:

* 写作业前先上厕所、喝水;
* 用最快的速度把要求写的作业拿出来并摆好位置;
* 开始写了之后就不能换其他的作业;
* 写的过程中不能与其他人说话,不能做小动作,不能被其他人干扰;
* 写完后要把文具整齐地收拾起来。

二、必做训练项目(25分钟)

第一关　手部"广播体操"(5分钟)

训练目的：训练手部精细动作。

操作方法：

第一节　掌上压(坐/站立式)

1. 手掌张开平放桌上，与肩同宽，左右对称，左手和右手轮流用力。
2. 手肘平放桌上，左右对称，左手和右手轮流用力。
3. 手指放桌上，左右对称，左手和右手轮流用力。

第二节　大力赛

1. 手扣手，左手扣右手。
2. 手推手，左手推右手。

第三节　手部按摩

1. 手背平压(用一只手按摩另一只手的背部)。
2. 手掌平压(用一只手按摩另一只手的掌部)。
3. 逐个拉直每一根手指。
4. 按摩写字惯用手的头三根手指。

第二关　系鞋带(5分钟)

训练目的：训练手部精细动作和手眼协调。

准备教具：鞋带、鞋子。

操作方法：找一双有鞋带的鞋，让孩子从穿鞋带开始，鞋带穿好后，让孩子系鞋带。可以看规定时间内孩子可以重复几次。

第三关　扣纽扣(5分钟)

训练目的：训练手部精细动作和手眼协调。

准备教具：带纽扣的衣服。

操作方法：分别找几件有大纽扣、小纽扣的衣服，先从大纽扣开始，从易到难，培养孩子的手指的灵活性。可以看规定时间内孩子可以重复几次。

第四关　金鸡独立(5分钟)

训练目的：训练平衡能力和身体的协调性。

操作方法：让孩子轻抬一只脚离开地面，另一只脚做支撑腿，单腿站立，闭上眼睛，看能坚持多长时间，如果孩子能力较弱，开始时可扶着椅背或轻轻扶着墙壁。在单腿站立的过程中，伸出手臂有助于保持平衡。

第五关　连点成画(5分钟)

训练目的：提升视觉注意力和手部精细动作。

操作方法：把下面的虚线连成实线，要求线条整齐、平滑。

三、补充训练项目(10分钟)

第六关 照相机(5分钟)

训练目的：提升注意力和视觉分辨力。

操作方法：从所在的字行中找出前面的例字，用圆圈圈起来，并数出个数。

人 八八八八人八八人八人八八人八八人八八人八八人八八人八八人八
记录：＿＿＿个

立 六六立六六六立六六六立六六六六六六立六六六立六六六立六六六
记录：＿＿＿个

支 友友友支友支友支友支友支友支友支友支友支友支友支友支友友友
记录：＿＿＿个

日 白白白白白日白白白白白白白白白日白白白白白日白白白白白日白白白日
记录：＿＿＿个

挑 桃挑桃桃挑桃桃桃挑桃桃挑桃桃挑桃桃挑桃挑桃挑桃挑桃挑桃挑桃
记录：＿＿＿个

快 块块快块块块快块块块快块块块块块快块快块块快块快块
记录：＿＿＿个

几 几几几几几几几几几几几几几几几几几几几几几几几几几几几几几
记录：＿＿＿个

土 士士士士士士士士士士士士士士士士士士士士士士士士士士士士士士
记录：＿＿＿个

外 处处处处处处外处处处外处处处外处处外处处外处处外处处外处处处
记录：＿＿＿个

师 帅帅帅师帅帅帅帅师帅师帅帅师帅帅帅师帅帅师帅帅师帅师帅
记录：＿＿＿个

第七关 全神贯注(5分钟)

训练目的：提升注意力和视觉分辨力。

操作方法：把下边8行中所有的"×"号圈起来，并数出个数。

＋－×÷÷×－×－＋×－×÷－＋－×÷×－＋－×÷÷－＋×－×
÷×－＋×÷÷×－－×÷÷×－×－×÷×÷－＋×÷－×－＋－×

×－＋－×＋－÷＋＋×÷－＋－×÷－＋÷×÷－＋－×÷×÷－＋－×
÷－＋×＋－÷－×＋－÷×÷－＋－×÷×－＋－＋×－＋－÷－×
÷÷×－＋÷－×＋＋－÷×÷－＋－×－＋－×÷＋－÷×－＋－×
－＋－－×÷×－＋÷－×＋＋×－＋－×÷＋÷÷×÷×－＋＋＋
×÷÷×－－＋＋×÷÷－＋－×－×＋÷×÷－－＋×－＋
－×÷÷－＋＋×－＋－×÷÷＋÷×＋－－×÷÷－×÷－×－÷×

记录：_____ 个

活动二

一、调整写作业习惯

写作业（完成老师布置的作业）习惯的调整要求：

* 写作业前先上厕所、喝水；
* 用最快的速度把要求写的作业拿出来并摆好位置；
* 开始写了之后就不能换其他的作业；
* 写的过程中不能与其他人说话，不能做小动作，不能被其他人干扰；
* 写完后要把文具整齐地收拾起来。

二、必做训练项目（30分钟）

第一关　静坐(5分钟)

训练目的：训练注意力和身体的协调性。

操作方法：让孩子盘腿坐在地上，把腰挺直，不靠任何东西，手分别放在膝盖上，然后闭上眼睛，放轻音乐，时间5分钟。记下孩子在训练过程中睁开眼睛的次数、背驼下来的次数，记下孩子手做小动作的次数。这一关的训练直到孩子不再把背驼下来，不再用手做小动作。

第二关　连点成画(5分钟)

训练目的：提升视觉注意力和手部精细动作。

操作方法：把下面的虚线连成实线，要求线条整齐、平滑。

第三关　照相机(5分钟)

训练目的：提升注意力和视觉分辨力。

操作方法：从所在的字行中找出前面的例字，用圆圈圈起来，并数出个数。

少　小小小小小少小小小小小小小少小小小小少小小小小少小小小小少小
小少小小　　　　　　　　　　　　　　　　　　　　　　　记录：＿＿＿个

梅　海梅海海梅海海梅海海梅海海梅海海梅海海梅海海梅海海梅海海梅海海
海梅海海　　　　　　　　　　　　　　　　　　　　　　　记录：＿＿＿个

洁　浩浩洁浩洁浩洁浩洁浩洁浩洁浩洁浩洁浩洁浩洁浩洁浩洁浩洁浩洁浩洁浩洁浩洁浩洁浩浩洁浩洁浩洁浩　　　　　　　　　　　　　　　　　　　　记录：_____个

大　天天天大天天天大天天天天大天天天大天天天大天天天大天天天大天天天大天天天天天　　　　　　　　　　　　　　　　　　　　　　　　　　　　记录：_____个

夺　奇奇奇奇夺奇奇奇夺奇夺奇奇奇夺奇奇奇夺奇奇奇夺奇夺奇奇奇夺奇夺奇奇　　　　　　　　　　　　　　　　　　　　　　　　　　　　记录：_____个

鸟　乌乌乌乌鸟乌乌乌鸟乌乌乌鸟乌乌乌鸟乌乌乌鸟乌乌乌鸟乌乌乌鸟乌乌乌鸟乌乌乌鸟乌乌乌乌　　　　　　　　　　　　　　　　　　　　　　　　　　　　记录：_____个

于　干干于干干干于干干干于干干干于干干干于干干干于干干干于干干干于干干干于干干干干　　　　　　　　　　　　　　　　　　　　　　　　　　　　记录：_____个

问　间间问间问间间间问间问间间间问间间间问间间间问间间间问间间间问间间间问间间间间　　　　　　　　　　　　　　　　　　　　　　　　　　　　记录：_____个

力　刀刀力刀刀刀刀力刀刀刀刀力刀刀刀刀力刀刀刀刀力刀刀刀刀力刀刀刀刀力刀刀刀刀　　　　　　　　　　　　　　　　　　　　　　　　　　　　记录：_____个

谁　准准谁准准准谁准准准准准谁准准准准谁准准准谁准准准准准谁准准准准　　　　　　　　　　　　　　　　　　　　　　　　　　　　记录：_____个

第四关　看谁对得准（5分钟）

训练目的：提升视觉分辨力和视动协调性。

操作方法：给孩子10秒钟记住符号＋、－、×、÷下面分别对应的数字，然后盖住符号和数字，在下表的符号下面写出相应的数字。

例：

＋	－	×	÷
1	2	3	4

＋	－	×	÷	＋	×	－	÷	×	－	＋	÷	－	＋	×	÷	－	×	＋	÷	＋	－	×
×	－	＋	÷	－	＋	÷	×	－	＋	÷	－	×	÷	×	－	＋	÷	－	＋	÷	×	÷
－	＋	÷	×	－	×	÷	＋	÷	×	－	＋	÷	×	÷	＋	－	×	÷	×	－	＋	÷

+	−	×	÷	+	×	−	÷	×	−	+	÷	+	×	÷	−	×	+	÷	×	−	+	−	×
÷	×	−	+	×	+	÷	×	−	+	÷	−	+	÷	×	−	+	×	÷	−	+	×	÷	+	×
×	+	÷	−	×	+	÷	×	−	+	×	−	÷	+	−	÷	×	−	+	×	÷	×	+	÷

第五关 对称画图(5分钟)

训练目的：训练孩子的空间感和手部精细动作等。

操作方法：图形的左边是完整的图形，要求孩子画出右边未完成的图形。仿画时位置大小要对称，线条要直或平滑。

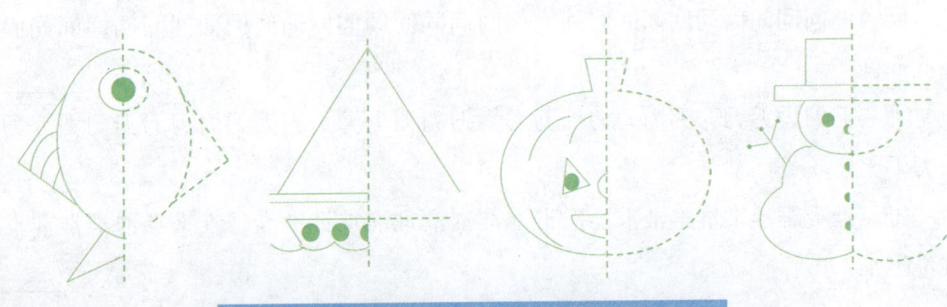

第六关 全神贯注(5分钟)

训练目的：提升注意力和视觉分辨力。

操作方法：把下边各行中的 u 和 v 找出来画上线，并分别写出个数。

例：udhausdvhsdidv

geudhaisdvhsdidvduhsfyesdfskgjhyhkihuvjnklurqeiguyroegyqrehgqkeuhvbj

krhgjrthwkveghtjgqwlerkqqngmrvnufbkerwhgkjrjglturkjghlrjqnuvqkmdhrg
jrjgqwenvmufnvmerwjqjrgjrtwvgkwjkerugvotugyovthgmfnbfmuhgmfkfhue
djaisjaisjwidjdisfehdjficuausioddhsuyvcmchsdwuysyedjakduduejdvaidjiwoak
sdudauqaevdsifdjiaoajdsrufyducndjskcmvjhaidjsnvsapdoldkcjanvihdgcn

记录：u_____个　v_____个

三、补充训练项目（15分钟）

第七关　涂涂画画（5分钟）

训练目的：训练手部精细动作。

准备教具：儿童图画书。

操作方法：让孩子给一些未涂颜色的图案上色，注意：要求孩子只能涂在框内，尽量不要涂在线条外面，并要求孩子涂好的颜色尽量均匀。父母给孩子提供的图案可以从简单到复杂，从大图案到小图案等。书店中往往有卖儿童涂画的书，父母可以和孩子一起去选择。孩子涂好颜色的图案，父母可以鼓励孩子用小剪刀剪下来。

第八关　端拍行走（5分钟）

训练目的：训练大肌肉的发展。

准备教具：球拍、乒乓球、网球。

操作方法：给孩子一个乒乓球拍，拍上放一个乒乓球或网球，保持平衡行走数米。先用右手，再用左手。

第九关　趴地推球（5分钟）

训练目的：训练大肌肉的发展。

准备教具：皮球、软垫。

操作方法：让孩子卧在软垫上，距离墙60～100厘米，头抬高，腿并拢并且伸直，身体呈小飞机的形状，双手端平，护住脸部，反复向墙推球。

活动三

一、调整写作业习惯

写作业（完成老师布置的作业）习惯的调整要求：
* 写作业前先上厕所、喝水；
* 用最快的速度把要求写的作业拿出来并摆好位置；
* 开始写了之后就不能换其他的作业；
* 写的过程中不能与其他人说话，不能做小动作，不能被其他人干扰；
* 写完后要把文具整齐地收拾起来。

二、必做训练项目（25分钟）

第一关　手部"广播体操"（5分钟）

训练目的：训练手部精细动作。

操作方法：

第一节　掌上压（坐/站立式）

1. 手掌张开平放桌上，与肩同宽，左右对称，左手和右手轮流用力。
2. 手肘平放桌上，左右对称，左手和右手轮流用力。
3. 手指放桌上，左右对称，左手和右手轮流用力。

第二节　大力赛

1. 手扣手，左手扣右手。
2. 手推手，左手推右手。

第三节　手部按摩

1. 手背平压（用一只手按摩另一只手的背部）。
2. 手掌平压（用一只手按摩另一只手的掌部）。
3. 逐个拉直每一根手指。
4. 按摩写字惯用手的头三根手指。

第二关　系鞋带(5分钟)

训练目的：训练手部精细动作和手眼协调。

准备教具：鞋带、鞋子。

操作方法：找一双有鞋带的鞋,让孩子从穿鞋带开始,鞋带穿好后,让孩子系鞋带。可以看规定时间内孩子可以重复几次。

第三关　扣纽扣(5分钟)

训练目的：训练手部精细动作和手眼协调。

准备教具：带纽扣的衣服。

操作方法：分别找几件有大纽扣、小纽扣的衣服,先从大纽扣开始,从易到难,培养孩子的手指的灵活性。可以看规定时间内孩子可以重复几次。

第四关　金鸡独立(5分钟)

训练目的：训练平衡能力和身体的协调性。

操作方法：让孩子轻抬一只脚离开地面,另一只脚做支撑腿,单腿站立,闭上眼睛,看能坚持多长时间,如果孩子能力较弱,开始时可扶着椅背或轻轻扶着墙壁。在单腿站立的过程中,伸出手臂有助改善平衡。

第五关　连点成画(5分钟)

训练目的：提升视觉注意力和手部精细动作。

操作方法：把下面的虚线连成实线，要求线条整齐、平滑。

三、补充训练项目（10分钟）

第六关　照相机（5分钟）

训练目的：提升注意力和视觉分辨力。

操作方法：从所在的字行中找出前面的例字，用圆圈圈起来，并数出个数。

瓜　爪爪爪瓜爪爪爪瓜爪爪爪瓜爪爪爪瓜爪爪瓜爪爪爪瓜爪爪瓜爪瓜爪瓜爪瓜爪瓜爪爪瓜爪　　　　　　　　　　　　　　　　　　　　记录：____个

条　朵朵朵条朵朵朵朵朵朵条朵条朵朵朵条朵条朵朵朵条朵朵朵条朵朵朵条朵朵朵朵　　　　　　　　　　　　　　　　　　　　记录：____个

自　目目目目自目目目目目自目目目目自目目目目自目目目目自目目目目目自目目目　　　　　　　　　　　　　　　　　　　　记录：____个

北　比比比比比北比比比比北比比北比比比北比比比比北比比比比北比比比北比比　　　　　　　　记录：_____个

古　吉吉古吉吉吉古吉吉古吉吉吉古吉吉吉古吉吉吉古吉吉古吉吉吉古吉吉吉吉　　　　　　　　记录：_____个

喝　渴渴渴喝渴喝渴渴渴渴喝渴渴喝渴渴渴喝渴渴喝渴渴渴渴喝渴渴　　　　　　　　记录：_____个

路　跑跑跑跑跑路跑跑跑跑路跑跑路跑跑路跑跑路跑路跑路跑跑跑路跑跑跑跑　　　　　　　　记录：_____个

贪　贫贫贫贫贪贫贫贪贫贫贪贫贫贪贫贫贪贫贫贪贫贫贪贫贫贫贪贫贫　　　　　　　　记录：_____个

霜　雷雷霜雷雷雷雷雷霜雷雷霜雷雷雷霜雷雷霜雷雷雷霜雷雷雷雷霜雷雷　　　　　　　　记录：_____个

辩　辨辨辨辨辩辨辨辨辨辨辨辩辨辨辨辨辨辨辨辨辨辨辨辩辨辨辩辨辨辨辩辩辩辩　　　　　　　　记录：_____个

第七关　全神贯注(5分钟)

训练目的：提升注意力和视觉分辨力。

操作方法：把下边8行中所有的"一"号圈起来，并数出个数。

÷÷－÷÷÷×－××－＋＋＋＋××÷－÷××－＋＋＋－×÷÷÷××－＋
－＋＋×＋＋－××－÷÷÷×－÷÷÷－÷＋＋×－÷×－＋－×÷×
×＋－＋＋×－×÷÷－＋÷＋＋÷×－－÷＋－×÷－×÷×
－＋＋＋－＋×＋＋＋÷－÷＋×÷×÷÷÷＋÷－×÷＋－×
×÷×＋＋－÷÷×÷＋＋×＋÷＋×÷÷×－×＋×－××÷
×＋－×÷＋÷÷＋－÷＋×＋÷×＋÷×÷－×＋×－×＋－×
÷÷×－＋＋－×＋÷－＋÷÷－×÷＋÷×－＋÷×＋×＋
－×××÷÷＋÷×＋－÷÷＋－×÷×－＋＋－××－＋＋－×

　　　　　　　　　　　　　　　　　记录：_____个

活动四

一、调整写作业习惯

写作业(完成老师布置的作业)习惯的调整要求：

* 写作业前先上厕所、喝水；
* 用最快的速度把要求写的作业拿出来并摆好位置；
* 开始写了之后就不能换其他的作业；
* 写的过程中不能与其他人说话，不能做小动作，不能被其他人干扰；
* 写完后要把文具整齐地收拾起来。

二、必做训练项目(30分钟)

第一关　静坐(5分钟)

训练目的：训练注意力和身体的协调性。

操作方法：让孩子盘腿坐在地上，把腰挺直，不靠任何东西，手分别放在膝盖上，然后闭上眼睛，放轻音乐，时间5分钟。记下孩子在训练过程中睁开眼睛的次数、背驼下来的次数，记下孩子手做小动作的次数。这一关的训练直到孩子不再把背驼下来，不再用手做小动作。

第二关　连点成画(5分钟)

训练目的：提升视觉注意力和手部精细动作。

操作方法：把下一页的虚线连成实线，要求线条整齐、平滑。

第三关 照相机（5分钟）

训练目的：提升注意力和视觉分辨力。

操作方法：从所在的字行中找出前面的例字，用圆圈圈起来，并数出个数。

婆　波波波波婆波波波波波波婆波波婆波波波波婆波波波波婆波波波波波婆波波波 　　　　记录：_____个

捉　提提捉提提提提捉提提捉提提提提提捉提提提提提捉提提提提捉提提 　　　　记录：_____个

顶　项项项项顶项项项项项顶项顶项项项顶项项项项顶项项项项顶项项项项 　　　　记录：_____个

错　蜡蜡蜡蜡错蜡蜡蜡蜡蜡错蜡蜡蜡蜡错蜡蜡蜡蜡错蜡蜡蜡错蜡蜡蜡 　　　　记录：_____个

热　垫垫垫热垫垫垫垫热垫垫垫垫热垫垫热垫垫垫垫热垫热垫热垫垫垫垫垫垫热垫 　　　　记录：_____个

狼　狼狼狼狼狼狼狼狼狼狼狼狼狼狼狼狼狼狼狼狼狼狼狼狼狼狼狼　　　记录：_____个

句　向向向向句向向向句向向向向句向向向向句向向向向句向向向向句向向向向　　　记录：_____个

席　度度度席度度度席度度度度席度度度度席度度度度席度度度度席度度度　　　记录：_____个

弯　变变变变变变弯变变变弯变变变弯变变变变弯变变变变弯变变变变弯变变变变　　　记录：_____个

料　科科科科科料科科科料科科科料科科科料科科科料科科科料科科科料科科　　　记录：_____个

第四关　看谁对得准（5分钟）

训练目的：提升视觉分辨力和视动协调性。

操作方法：给孩子10秒钟记住符号＋、－、×、÷下面分别对应的数字，然后盖住符号和数字，在下表的符号下面写出相应的数字。

例：

＋	－	×	÷
1	2	3	4

第五关　对称画图(5分钟)

训练目的：训练孩子的空间感和手部精细动作等。

操作方法：图形的左边是完整的图形，要求孩子画出右边未完成的图形。仿画时位置大小要对称，线条要直或平滑。

第六关　全神贯注(5分钟)

训练目的：提升注意力和视觉分辨力。

操作方法：把下边各行中的 m 和 n 找出来画上线，并分别写出个数。

例：ng<u>m</u>rv<u>n</u>hg

eudhaqisdjhsdidsduhsfyesdfskgjhyhkihuljnklurqeiguyroemyqrehgqkeuhvbjk

mhgjrthwkreghtjgqwlerkqqngmrvnhgkjrjglturkufbkerwjghlrjqnuvqkmdhrg

jrjvmerwjqjrmjrgqwenvmufntwjgkwjkerugiotugyoithgmuhgmfkfhuedjaismf

nbfjaisjwidjdisfehdjfdmhsuyxcmchsdicuausiowuysyedjakduduejmdiaidjiwoid

sifdjiamajdaksdudauqaesrufyducndjskcmxjhaidjsnhmhdgcnsapdoldkcjan

记录：m＿＿＿个　n＿＿＿个

三、补充训练项目(15分钟)

第七关　涂涂画画(5分钟)

训练目的：训练手部精细动作。

准备教具：儿童图画书。

操作方法：让孩子给一些未涂颜色的图案上色，注意：要求孩子只能涂在框内，尽量不要涂在线条外面，并要求孩子涂好的颜色尽量均匀。父母给孩子提供的图案可以从简单到复杂，从大图案到小图案等。书店中往往有卖儿童涂画的书，父母可以和孩子一起去选择。孩子涂好颜色的图案，父母可以鼓励孩子用小剪刀剪下来。

第八关 端拍行走(5分钟)

训练目的:训练大肌肉的发展。

准备教具:球拍、乒乓球、网球。

操作方法:给孩子一个乒乓球拍,拍上放一个乒乓球或网球,保持平衡行走数米。先用右手,再用左手。

第九关 趴地推球(5分钟)

训练目的:训练大肌肉的发展。

准备教具:皮球、软垫。

操作方法:让孩子卧在软垫上,距离墙60~100厘米,头抬高,腿并拢并且伸直,身体呈小飞机的形状,双手端平,护住脸部,反复向墙推球。

活动五

一、调整写作业习惯

写作业(完成老师布置的作业)习惯的调整要求:

* 写作业前先上厕所、喝水;
* 用最快的速度把要求写的作业拿出来并摆好位置;

* 开始写了之后就不能换其他的作业;

* 写的过程中不能与其他人说话,不能做小动作,不能被其他人干扰;

* 写完后要把文具整齐地收拾起来。

二、必做训练项目(25分钟)

第一关　手部"广播体操"(5分钟)

训练目的:训练手部精细动作。

操作方法:

第一节　掌上压(坐/站立式)

1. 手掌张开平放桌上,与肩同宽,左右对称,左手和右手轮流用力。
2. 手肘平放桌上,左右对称,左手和右手轮流用力。
3. 手指放桌上,左右对称,左手和右手轮流用力。

第二节　大力赛

1. 手扣手,左手扣右手。
2. 手推手,左手推右手。

第三节　手部按摩

1. 手背平压(用一只手按摩另一只手的背部)。
2. 手掌平压(用一只手按摩另一只手的掌部)。
3. 逐个拉直每一根手指。
4. 按摩写字惯用手的头三根手指。

第二关　系鞋带(5分钟)

训练目的:训练手部精细动作和手眼协调。

准备教具:鞋带、鞋子。

操作方法:找一双有鞋带的鞋,让孩子从穿鞋带开始,鞋带穿好后,让孩子系鞋带。可以看规定时间内孩子可以重复几次。

第三关　扣纽扣(5分钟)

训练目的：训练手部精细动作和手眼协调。

准备教具：带纽扣的衣服

操作方法：分别找几件有大纽扣、小纽扣的衣服，先从大纽扣开始从易到难，培养孩子的手指的灵活性。可以看规定时间内孩子可以重复几次。

第四关　金鸡独立(5分钟)

训练目的：训练平衡能力和身体的协调性。

操作方法：让孩子轻抬一只脚离开地面，另一只脚做支撑腿，单腿站立，闭上眼睛，看能坚持多长时间，如果孩子能力较弱，开始时可扶着椅背或轻轻扶着墙壁。在单腿站立的过程中，伸出手臂有助改善平衡。

第五关　连点成画(5分钟)

训练目的：提升视觉注意力和手部精细动作。

操作方法：把下面的虚线连成实线，要求线条整齐、平滑。

三、补充训练项目（10分钟）

第六关　照相机（5分钟）

训练目的：提升注意力和视觉分辨力。

操作方法：从所在的字行中找出前面的例字，用圆圈圈起来，并数出个数。

肉　内内内内内内内内肉内内肉内内内内内肉内内内内内肉内内肉
内内内内　　　　　　　　　　　　　　　　　　　　记录：＿＿＿个

塞　塞寒寒寒塞寒寒塞寒塞寒寒寒塞寒塞寒塞寒塞寒塞寒
塞寒塞寒　　　　　　　　　　　　　　　　　　　　记录：＿＿＿个

炮　抱抱抱炮抱抱抱炮抱抱抱炮抱抱炮抱抱炮抱抱炮抱抱炮抱
炮抱抱抱　　　　　　　　　　　　　　　　　　　　记录：＿＿＿个

但　坦坦坦坦但坦坦坦但坦坦但坦坦坦坦但坦坦坦但坦坦但坦坦
坦但坦坦　　　　　　　　　　　　　　　　　　　　记录：＿＿＿个

优　忧忧忧忧优忧忧忧忧优忧优忧优忧忧忧忧忧忧优忧忧优忧
忧忧优忧　　　　　　　　　　　　　　　　　　　　记录：＿＿＿个

层　屈屈屈屈屈屈层屈屈层屈屈层屈屈层屈屈层屈屈层屈屈层屈屈
屈层屈屈　　　　　　　　　　　　　　　　　　　　记录：＿＿＿个

压　庄庄庄压庄庄庄庄庄压庄庄庄压庄庄压庄庄庄压庄庄压
庄庄压庄　　　　　　　　　　　　　　　　　　　　记录：＿＿＿个

代　化化化化化化代化化化代化化代化化化化代化化代化化化化

化化化化 记录：_____ 个

究 穷穷究穷穷穷穷究穷穷究穷穷穷究穷穷穷究穷穷穷究穷穷穷究穷穷穷穷穷 记录：_____ 个

毛 手手手手手手毛手手手手毛手手手手毛手手手手毛手手手手毛手手手手毛手手手手手手 记录：_____ 个

第七关　全神贯注(5 分钟)

训练目的：提升注意力和视觉分辨力。

操作方法：把下边 8 行中所有的"＋"号圈起来，并数出个数。

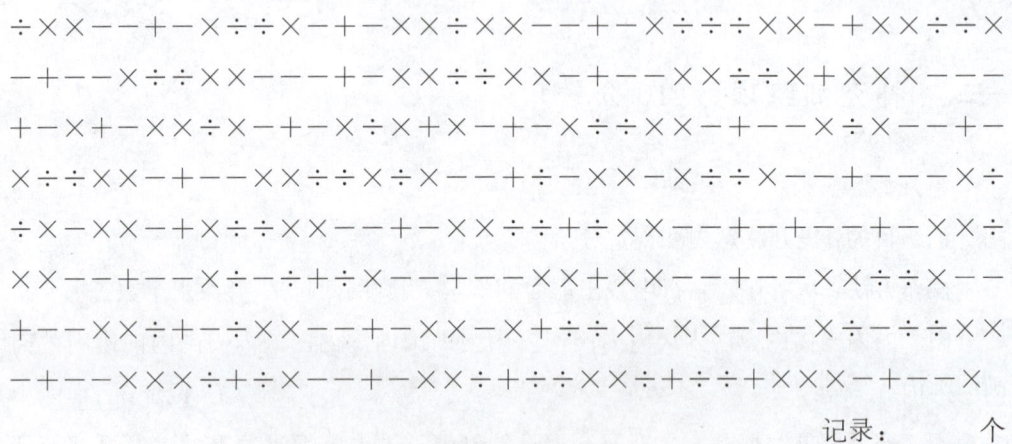

记录：_____ 个

活动六

一、调整写作业习惯

写作业(完成老师布置的作业)习惯的调整要求：

* 写作业前先上厕所、喝水；
* 用最快的速度把要求写的作业拿出来并摆好位置；
* 开始写了之后就不能换其他的作业；
* 写的过程中不能与其他人说话，不能做小动作，不能被其他人干扰；
* 写完后要把文具整齐地收拾起来。

二、必做训练项目（30分钟）

第一关　静坐（5分钟）

训练目的：训练注意力和身体的协调性。

操作方法：让孩子盘腿坐在地上，把腰挺直，不靠任何东西，手分别放在膝盖上，然后闭上眼睛，放轻音乐，时间5分钟。记下孩子在训练过程中睁开眼睛的次数、背驼下来的次数，记下孩子手做小动作的次数。这一关的训练直到孩子不再把背驼下来，不再用手做小动作。

第二关　连点成画(5分钟)

训练目的：提升视觉注意力和手部精细动作。

操作方法：把下面的虚线连成实线，要求线条整齐、平滑。

第三关　照相机(5分钟)

训练目的：提升注意力和视觉分辨力。

操作方法：从所在的字行中找出前面的例字，用圆圈圈起来，并数出个数。

公　么么公么么公么么么公么么公么么公么么么公么么么公么么公么么么
么公么么　　　　　　　　　　　　　　　　　　　　　　记录：_____个

问　同同同同问同同同同同问同同同同同问同同同同问同同同同同问
同同问同　　　　　　　　　　　　　　　　　　　　　　记录：_____个

江　红红红红红红江红红江红红江红红红红江红红江红红红红江红
红江红红　　　　　　　　　　　　　　　　　　　　　　记录：_____个

开　升升升开升升开升开升升开升升开开升升开升升开升升开升升
升开升升　　　　　　　　　　　　　　　　　　　　　　记录：_____个

舟　丹丹舟丹丹舟丹丹丹舟丹丹丹舟丹丹丹舟丹丹丹舟丹丹舟丹丹
舟丹丹丹　　　　　　　　　　　　　　　　　　　　　　记录：_____个

没　设设设没设设设没设设设没设设设没设设设没设设设没设设
设设设设　　　　　　　　　　　　　　　　　　　　　　记录：_____个

出　山山山山山山出山山山山山出山山山山出山山山出山山山山出山山山山山山山出山山出山山　　　　　　　　　　　　　　　　记录：_____ 个

无　元元无元元元元元元元无元元无元元元无元元无元元无元元无元元元无元元元元元无　　　　　　　　　　　　　　　　　　　　　　记录：_____ 个

金　全全全全全金全全金全全全全全全金全全全全金全全全全全全全全全全金全全金全　　　　　　　　　　　　　　　　　　　　　　记录：_____ 个

半　平平半平平平平平半平平平平平半平平半平平平平平平平平平平平半平平平平平平平平半平　　　　　　　　　　　　　　　　　　　　　　记录：_____ 个

第四关　看谁对得准(5分钟)

训练目的：提升视觉分辨力和视动协调性。

操作方法：给孩子 10 秒钟记住数字 1、2、3、4 下面分别对应的符号，然后盖住数字和符号，在下表的数字下面写出相应的符号。

例：

1	2	3	4
÷	×	−	+

1	4	2	1	2	3	4	3	2	3	1	4	1	2	3	4	2	1	4	3	2	1	4	3	2
4	2	1	4	3	2	1	3	2	1	3	4	2	1	4	3	4	2	1	4	3	2	1	4	2
2	3	2	4	1	4	1	4	3	1	2	3	4	1	4	2	1	2	4	2	2	3	2	1	3
4	2	3	4	3	1	2	4	1	3	1	2	4	3	1	2	4	2	3	1	2	4	2	1	4	3
1	2	3	2	4	1	2	3	2	4	1	4	2	3	1	4	2	3	2	1	3	1	4	3	2	1	2

第五关　对称画图(5分钟)

训练目的：训练孩子的空间感和手部精细动作等。

操作方法：图形的左边是完整的图形,要求孩子画出右边未完成的图形。仿画时位置大小要对称,线条要直或平滑。

第六关　全神贯注(5 分钟)

训练目的：提升注意力和视觉分辨力。

操作方法：把下边各行中的 b 和 d 找出来画上线,并分别数出个数。

例：bqpdbgpqd

qdggpqdspbpdbgqpdbgqpdbgpqbgpdbqgpfbpqgpbfgpqbfpqgbfpbgpbpfqg

pbfqpgbqpfbpgqpbfpbqgpbnpnpbppdbpgbqpdbgpqdbpqpgbdqpgbpqdfgpb

qdpbgpqdpngqpdbqngdgqdpbgqpbdpqgbpqdpbgqpbdqgpqdpgpqjdpqjgdjqlg

lqdbpglqjdpbgqjpdbgjpdbqljgpqbdlgqpbdljqpgbdqjgpbqdjlblgjbpljpbljpbljbp

jgigidodospoqqbdpdboqysiqhddoqndpqndoqdnqodnqdqdqqopdifuwbvjdus

owqqodifjvnb

记录：b_____个　d_____个

三、补充训练项目(15分钟)

第七关　涂涂画画(5分钟)

训练目的：训练手部精细动作。

准备教具：儿童图画书。

操作方法：让孩子给一些未涂颜色的图案上色,注意:要求孩子只能涂在框内,尽量不要涂在线条外面,并要求孩子涂好的颜色尽量均匀。父母给孩子提供的图案可以从简单到复杂,从大图案到小图案等。书店中往往有卖儿童涂画的书,父母可以和孩子一起去选择。孩子涂好颜色的图案,父母可以鼓励孩子用小剪刀剪下来。

第八关　端拍行走(5分钟)

训练目的：训练大肌肉的发展。

准备教具：球拍、乒乓球、网球。

操作方法：给孩子一个乒乓球拍,拍上放一个乒乓球或网球,保持平衡行走数米。先用右手,再用左手。

第九关　趴地推球(5分钟)

训练目的：训练大肌肉的发展。

准备教具：皮球、软垫。

操作方法：让孩子卧在软垫上,距离墙60～100厘米,头抬高,腿并拢并且伸直,身体呈小飞机形状,双手端平,护住脸部,反复向墙推球。

活动七

一、调整写作业习惯

写作业(完成老师布置的作业)习惯的调整要求：

* 写作业前先上厕所、喝水;
* 用最快的速度把要求写的作业拿出来并摆好位置;

* 开始写了之后就不能换其他的作业；

* 写的过程中不能与其他人说话，不能做小动作，不能被其他人干扰；

* 写完后要把文具整齐地收拾起来。

二、必做训练项目(25分钟)

第一关　手部"广播体操"(5分钟)

训练目的：训练手部精细动作。

操作方法：

第一节　掌上压(坐/站立式)

1. 手掌张开平放桌上，与肩同宽，左右对称，左手和右手轮流用力。
2. 手肘平放桌上，左右对称，左手和右手轮流用力。
3. 手指放桌上，左右对称，左手和右手轮流用力。

第二节　大力赛

1. 手扣手，左手扣右手。
2. 手推手，左手推右手。

第三节　手部按摩

1. 手背平压(用一只手按摩另一只手的背部)。
2. 手掌平压(用一只手按摩另一只手的掌部)。
3. 逐个拉直每一根手指。
4. 按摩写字惯用手的头三根手指。

第二关　系鞋带（5分钟）

训练目的：训练手部精细动作和手眼协调。

准备教具：鞋带、鞋子。

操作方法：找一双有鞋带的鞋，让孩子从穿鞋带开始，鞋带穿好后，让孩子系鞋带。可以看规定时间内孩子可以重复几次。

第三关　扣纽扣（5分钟）

训练目的：训练手部精细动作和手眼协调。

准备教具：带纽扣的衣服。

操作方法：分别找几件有大纽扣、小纽扣的衣服，先从大纽扣开始，从易到难，培养孩子的手指的灵活性。可以看规定时间内孩子可以重复几次。

第四关　金鸡独立（5分钟）

训练目的：训练平衡能力和身体的协调性。

操作方法：让孩子轻抬一只脚离开地面，另一只脚做支撑腿，单腿站立，闭上眼睛，看能坚持多长时间，如果孩子能力较弱，开始时可扶着椅背或轻轻扶着墙壁。在单腿站立的过程中，伸出手臂有助改善平衡。

第五关　连点成画（5分钟）

训练目的：提升视觉注意力和手部精细动作。

操作方法：把下面的虚线连成实线，要求线条整齐、平滑。

三、补充训练项目(10分钟)

第六关　照相机(5分钟)

训练目的：提升注意力和视觉分辨力。

操作方法：从所在的字行中找出前面的例字，用圆圈圈起来，并数出个数。

孤　弧弧孤弧弧弧孤弧弧弧孤弧弧弧孤弧弧弧孤弧弧弧孤弧弧弧孤弧弧弧弧　　　记录：_____个

刮　乱乱乱乱刮乱乱乱刮乱乱乱乱乱刮乱乱乱乱刮乱乱乱乱刮乱乱乱乱刮乱乱乱　　　记录：_____个

失　夫夫夫夫失夫夫夫失夫夫夫失夫夫夫失夫夫夫失夫夫夫失夫夫夫失夫夫失夫　　　记录：_____个

去　走走走去走走走走走去走走走去走走走去走走走去走走走去走走走去走走走　　　记录：_____个

土　干干干干土干干干干土干干干干土干干干土干干干土干干干土干干干土干干干　　　记录：_____个

逃　跳跳跳逃跳跳跳逃跳跳跳跳跳逃跳跳跳跳逃跳跳跳跳逃跳跳跳跳逃跳跳跳　　　记录：_____个

休　体体体休体体体体休体体体休体体体休体体体休体体体休体体体休体体　　　记录：_____个

千　干干干干千干干干千干干干千干干干千干干干千干干干千干干干千干干干千干干干　　　记录：_____个

明　朋朋朋明朋朋朋朋明朋明朋明朋朋明朋朋明朋朋明朋朋明朋朋明朋朋朋　　　记录：_____个

得　很很很很得很很很得很很很得很很很得很很很得很很很得很很很得很很很得很　　　记录：_____个

第七关　全神贯注(5分钟)

训练目的：提升注意力和视觉分辨力。

操作方法：把下边 8 行中所有的"÷"号圈起来，并数出个数。

×－＋÷＋－××÷－－÷＋＋－÷－×××÷××－－＋＋÷＋＋＋－－××÷

×－＋÷××÷＋－－÷××÷＋×－÷××÷＋－÷×－÷×÷×÷×＋－×

×÷－×÷－－＋÷×÷＋÷×÷×＋×÷×＋×÷×－÷＋÷×＋×－＋－

××÷×÷－－÷－÷×＋－÷×÷×－÷＋－÷＋×÷×÷－×÷÷×＋÷

×－×÷－÷－＋×－÷－÷×＋÷÷×÷＋＋÷×÷＋×÷×÷×－×÷

－＋×÷－－＋÷×－－÷＋－÷＋＋－÷÷＋＋－×÷＋÷＋×÷×÷×

×÷÷－÷＋÷×＋＋÷×－－÷＋－÷×÷×÷×÷÷＋－－÷＋×÷－

－＋÷÷×－×÷－×＋÷×－÷×－÷××÷＋＋－×＋÷×

记录：_____ 个

活动八

一、调整写作业习惯

写作业(完成老师布置的作业)习惯的调整要求。

＊ 写作业前先上厕所、喝水；

＊ 用最快的速度把要求写的作业拿出来并摆好位置；

* 开始写了之后就不能换其他的作业；
* 写的过程中不能与其他人说话，不能做小动作，不能被其他人干扰；
* 写完后要把文具整齐地收拾起来。

二、必做训练项目（30分钟）

第一关　静坐（5分钟）

训练目的：训练注意力和身体的协调性。

操作方法：让孩子盘腿坐在地上，把腰挺直，不靠任何东西，手分别放在膝盖上，然后闭上眼睛，放轻音乐，时间5分钟。记下孩子在训练过程中睁开眼睛的次数、背驼下来的次数，记下孩子手做小动作的次数。这一关的训练直到孩子不再把背驼下来，不再用手做小动作。

第二关　连点成画（5分钟）

训练目的：提升视觉注意力和手部精细动作。

操作方法：把下面的虚线连成实线，要求线条整齐、平滑。

第三关　照相机（5分钟）

训练目的：提升注意力和视觉分辨力。

操作方法：从所在的字行中找出前面的例字，用圆圈圈起来，并数出个数。

令令令令令	令令令令令令令令令令令令令令令令令令令令令	记录：＿＿＿个
睛睛睛睛	睛睛睛睛睛睛睛睛睛睛睛睛睛睛睛睛睛睛睛睛睛	记录：＿＿＿个
万方方方	方方万方方万方方方方万方万方方方万方方方万方万	记录：＿＿＿个
找划划划	划划划找划划划划找划划划找划划找划划找划划划找	记录：＿＿＿个
本本木木	木木木木本木木木本木木木木木木木本木木木木木木	记录：＿＿＿个
交文交文	文文文文交文文文交文文交文文交文文文文交文文文	记录：＿＿＿个
看着看着	着着着看着着着看着着着着着着着着看着着着着着着	记录：＿＿＿个
郊效效效	效效效郊效效效效郊效郊效效效效郊效效效效郊效效	记录：＿＿＿个
兔兔兔兔	兔兔兔兔兔兔兔兔兔兔兔兔兔兔兔兔兔兔兔兔兔兔兔	记录：＿＿＿个
往住住住	住住住往住住住往住住住住住住住往住住住住住住住	记录：＿＿＿个

第四关　看谁对得准（5分钟）

训练目的：提升视觉分辨力和视动协调性。

操作方法：给孩子10秒钟记住数字1、2、3、4下面分别对应的符号，然后盖住数字和符号，在下表的数字下面写出相应的符号。

例：

1	2	3	4
÷	×	−	+

4	1	2	1	4	1	3	4	3	2	3	1	3	2	1	4	3	2	2	3	2	4	2	1	4
2	4	3	3	4	2	2	1	3	1	4	4	4	3	2	1	4	2	1	2	1	3	4	2	1
3	2	4	1	2	3	1	3	4	1	1	2	4	2	3	2	1	3	2	3	2	4	2	4	3	2	1
2	3	1	2	4	3	2	4	1	3	2	4	4	2	3	1	4	3	1	3	1	1	3	2	1	3
2	2	4	4	2	3	2	1	3	2	4	4	1	3	4	3	2	1	2	3	2	3	1	1	2	3	2	1

第五关　对称画图（5分钟）

训练目的：训练孩子的空间感和手部精细动作等。

操作方法：图形的左边是完整的图形，要求孩子画出右边未完成的图形。仿画时位置大小要对称，线条要直或平滑。

 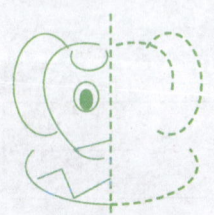  

第六关　全神贯注(5分钟)

训练目的：提升注意力和视觉分辨力。

操作方法：把下边各行中的 p 和 q 找出来画上线，并分别数出个数。

例：gpqdspbpdbgq

hdggpqdspbpdbgqpdbgqpdbgpqbgpdbqgpfbpqgpbfgpqbfpqgbfpqdpqjdbg

qpbdqdpngqpqbfpgbpfqgpbfqpgbqpfbpgqpbfpbqggbqpjgdjqdpgppqgpyqs

iqhddoqifuwbvjbqdpbgqpbdpqgbqdjlblgjbnqodnqdqdqpbnppnbpppdbpdp

ljpbqljpdqjdbgpqdbpqpbljbpjgigidodospoqndpqndoqdqopdqbdpdbolglqdb

pglqjdpbgqjpdbgjpdbqljgpqbdlgqpbdljqpgbgbdqpgbpqdfgpbqdpbgpdbqn

gqodifjvnbdgpqgfgqdusow

记录：p＿＿＿＿个　q＿＿＿＿个

三、补充训练项目(15分钟)

第七关　涂涂画画(5分钟)

训练目的：训练手部精细动作。

准备教具：儿童图画书。

操作方法：让孩子给一些未涂颜色的图案上色，注意：要求孩子只能涂在框内，尽量不要涂在线条外面，并要求孩子涂好的颜色尽量均匀。父母给孩子提供的图案可以从简单到复杂，从大图案到小图案等。书店中往往有卖儿童涂画的书，父母可以和孩子一起去选择。孩子涂好颜色的图案，父母可以鼓励孩子用小剪刀剪下来。

第八关　端拍行走(5分钟)

训练目的：训练大肌肉的发展。

准备教具：球拍、乒乓球、网球。

操作方法：给孩子一个乒乓球拍，拍上放一个乒乓球或网球，保持平衡行走数米。先用右手，再用左手。

第九关　趴地推球(5分钟)

训练目的：训练大肌肉的发展。

准备教具：皮球、软垫。

操作方法：让孩子卧在软垫上，距离墙60～100厘米，头抬高，腿并拢并且伸直，身体呈小飞机的形状，双手端平，护住脸部，反复向墙推球。

活动九

一、调整写作业习惯

写作业(完成老师布置的作业)习惯的调整要求：

* 写作业前先上厕所、喝水；
* 用最快的速度把要求写的作业拿出来并摆好位置；
* 开始写了之后就不能换其他的作业；
* 写的过程中不能与其他人说话，不能做小动作，不能被其他人干扰；
* 写完后要把文具整齐地收拾起来。

二、必做训练项目（30分钟）

第一关　动动手（5分钟）

训练目的：训练手部精细动作和手指的灵活性。

操作方法：

第一节　向前伸展手臂，收放拳头。

第二节　左手拇指对右手拇指，左手中指对右手中指，依次对齐手指对弹。

第三节　两手手指相对应做弯曲运动。

第四节　转动手腕。

第五节　两手握成拳头，从拇指开始依次轮流伸出每个手指。

第二关　穿衣戴帽（5分钟）

训练目的：训练视觉记忆和手部精细动作。

操作方法：每个图形看二十秒钟后盖住此图形，然后在下图中画出所缺少的图案。

第三关　百发百中（5分钟）

训练目的：训练视觉注意力和视觉分辨力。

操作方法：从下面的数字群中把所有的1717圈出来，并数出个数。

7171　1717　7171　7171　7177　1717　1717　7171　7171　7171　1717

7171　7717　7171　7117　1171　1717　7171　7171　1717　1777　1771

7111	7717	1717	1717	1171	7177	7171	1771	7171	7771
7777	7171	1717	1771	7171	7771	7717	1717	7171	7777	1711
7177	1771	1771	7171	7177	1717	7117	7177	7117	1717	1717
1771	7177	1171	7171	7717	1717	7111	1717	1771	7171	1717
1717	1771	1717	1717	1717	1177	7171	7171	7171	7177	1717
7171	7171	7171	7171	7171	7177	7171	7171	7171	7171
7171	7171	7717	7171	7117	1171	7177	1117	7717	1717	1777
1771	7111	7717	1717	1717	1171	7177	7171	1771	7171
7771	1777	7171	1717	1771	7171	7771	7717	1717	7171	7177
1711	7177	1771	1771	7171	7177	1717	7117	7177

记录：_____个

第四关　气功大王（5分钟）

训练目的：训练视动协调、视觉宽度和视觉转移速度。

操作方法：把下面的每组数字一口气读出来，不要有停顿，并将读错的数字记录下来。

6477455565789548636656588786634355664965 4945　　记录：错_____个
3538335558533583535388388855335535353883338　　记录：错_____个
5766854649129366534379678338667668673676 7874　　记录：错_____个
6966969799696696669797969966996979979799 6997　　记录：错_____个
5675316234467647896498664656545953427488 5492　　记录：错_____个
6006099090600660069009090909006060600690 0600　　记录：错_____个
657863589232234567856675845345558348745 64549　　记录：错_____个
345667657878455447789634882754967793845 98245　　记录：错_____个
711171465457171167179845477119654175546 17797　　记录：错_____个
557578635358939434557545855583455443554 65477　　记录：错_____个
532458543678589097532579753885398689874 69731　　记录：错_____个
978078643524563679075423283094255858855 85855　　记录：错_____个

第五关　对墙接球（5分钟）

训练目的：训练手眼协调和反应速度。

准备材料：乒乓球、网球。

操作方法：准备一个有弹性的小球(如乒乓球、网球)，让孩子站在离墙一米远的地方，对着墙投球，当球弹回来的时候，用手接住。记录五分钟最多能接几个。

第六关　穿针引线(5分钟)

训练目的：训练手部精细动作。

准备材料：各种不同孔径的珠子、线。

操作方法：准备各种孔径不同的珠子和一段线，珠子的孔径可从大到小，逐渐增加串的难度，让孩子在规定的时间内用线把珠子串起来，规定时间内串得越多越好，熟练以后可规定珠子的颜色，增加其复杂程度。

三、补充训练项目(15分钟)

第七关　香蕉菠萝打擂台(5分钟)

训练目的：训练视觉注意力、空间感和视动协调。

操作方法：将菠萝表里的图形按照顺序画在香蕉表里，上下左右不能碰边，不能画错。

加油！相信你一定可以成为擂主！

第八关　你追我赶(5分钟)

训练目的：训练手部精细动作。

准备材料：两只核桃。

操作方法：把两只核桃握在手中，可正转可反转，也可左右手一起转，目的是刺激手掌的穴位，增加灵活性。

第九关　原地单脚跳(5分钟)

训练目的：训练大肌肉的发展。

操作方法：让孩子原地单脚跳，先右脚，后左脚，看一次能连续跳多少个。如果能力弱，可让孩子扶着椅背，然后双手拿一个大海绵球，最后不用借助任何东西保持平衡；如果手臂有多余动作干扰平衡，可让孩子手持有重量的物件。

活动十

一、调整写作业习惯

写作业(完成老师布置的作业)习惯的调整要求：

* 写作业前先上厕所、喝水；
* 用最快的速度把要求写的作业拿出来并摆好位置；

* 开始写了之后就不能换其他的作业；
* 写的过程中不能与其他人说话，不能做小动作，不能被其他人干扰；
* 写完后要把文具整齐地收拾起来。

二、必做训练项目（30分钟）

第一关　静坐（5分钟）

训练目的：训练注意力和身体的协调性。

操作方法：让孩子盘腿坐在地上，头上顶个纸杯，把腰挺直，不靠任何东西，手分别放在膝盖上，然后闭上眼睛，放轻音乐的同时可以给孩子制造一些干扰（比如敲桌子、敲门、说话等等），时间五分钟。记下孩子在训练过程中掉杯的次数、睁开眼睛的次数、背驼下来的次数、手做小动作的次数。这一关的训练直到孩子不再把背驼下来，不再用手做小动作。

第二关　动动手（5分钟）

训练目的：训练手部精细动作。

操作方法：

第一节　向前伸展手臂，收放拳头。
第二节　左手拇指对右手拇指，左手中指对右手中指，依次对齐手指对弹。
第三节　两手手指相对应做弯曲运动。
第四节　转动手腕。
第五节　两手握成拳头，从拇指开始依次轮流伸出每个手指。

第三关　穿衣戴帽（5分钟）

训练目的：训练视觉记忆力和手部精细动作。

操作方法：每个图形看二十秒钟后盖住此图形，然后在下图中画出所缺少的图案。

  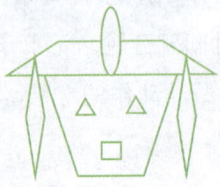 

第四关　香蕉菠萝打擂台（5分钟）

训练目的：训练视觉注意力、空间感和视动协调。

操作方法：将菠萝表里的图形按照顺序画在香蕉表里，上下左右不能碰边，不能画错。

菠萝表

香蕉表

第五关 百发百中（5分钟）

训练目的：训练视觉注意力和视觉分辨力。

操作方法：从下面的数字群中把所有的8338圈出来，并数出个数。

8383	8338	8833	8883	8338	3838	8383	8338	8383	8383	8388
8333	8838	3883	3838	3883	8388	3838	3388	3838	8383	8383
8338	3838	3838	8338	3838	3838	8838	3838	3838	8338	3883
8383	8338	8338	8388	8383	3883	8383	8383	8388	3838	3883
8388	3888	8888	8388	3838	3838	8383	8388	3838	3838	3838
3833	8383	3383	8383	8383	3838	3883	8333	8383	8383	8383
8338	8833	8383	8833	3883	8383	3838	8383	3883	8833	8833
3838	8383	8383	8833	8883	3838	3838	8383	8883	3388	8338
8388	8333	8838	3883	3838	3883	8388	3838	3388	3838	8383
8383	8338	3838	8383	8338	3838	3838	8838	3838	3838	3838
3883	8383	8338	3838	8388	8383	3838	8383	8383	8388	3838
3883	8388	3888	8888	8388	3838	8338	8383	8388		

记录：＿＿个

第六关 气功大王（5分钟）

训练目的：训练视动协调、视觉宽度和视觉转移速度。

操作方法：把下面的每组数字一口气读出来，不要有停顿，并将读错的数字记录下来。

957825895776234895686446151278463897423894294744　　记录：错＿＿个

696969696969696969699996969699969966969696969696969　　记录：错＿＿个

3476345875765685658989378457289256234623478778 35	记录：错_____个
8585885858585888588585858558588585858888585858585	记录：错_____个
46235623767823435623353578453787876547 66983452 34	记录：错_____个
17171717171717171717177177171771171717717171717 1	记录：错_____个
857365878756783478835788779376357785785726125623	记录：错_____个
7997979797979797979797979779797979999797797979	记录：错_____个
78234527835637293857645823562857865892 7654349573	记录：错_____个
838383838383838383838383838838383883838388383	记录：错_____个
82356378956289562982456237568237657856238 9562546	记录：错_____个
66060606060606606060606060606060060606060606060	记录：错_____个

三、补充训练项目（15分钟）

第七关　穿珠游戏（5分钟）

训练目的：训练手眼协调和注意力。

操作方法：见教具（家长自备）

第八关　双手上抛接球（5分钟）

训练目的：训练手眼协调、注意力。

准备材料：乒乓球或网球。

操作方法：双手握住乒乓球或网球，双腿分开同肩宽，身体站直，双手向上抛球，球要过头顶，接球时双手不要过肩，眼睛跟住球，不丢球。抛接球时可以转动身体但双脚不能动。

第九关　不倒翁（5分钟）

训练目的：训练平衡感和协调性。

操作方法：让孩子站在相距二十厘米的两条平行线之间用脚跟行走，平行线长四米。如果孩子行走时身体有多余动作（如手腕向后弯），就让孩子手里拿一个小棒；当孩子开始放松，双手可在身体两侧自由摆动时，则取走小棒。确保消除多余的动作。

你的平衡能力真不错!

活动十一

一、调整写作业习惯

写作业(完成老师布置的作业)习惯的调整要求:
* 写作业前先上厕所、喝水;
* 用最快的速度把要求写的作业拿出来并摆好位置;
* 开始写了之后就不能换其他的作业;
* 写的过程中不能与其他人说话,不能做小动作,不能被其他人干扰;
* 写完后要把文具整齐地收拾起来。

二、必做训练项目(30分钟)

第一关 动动手(5分钟)

训练目的:训练手部精细动作和手指的灵活性。

操作方法:

第一节 向前伸展手臂,收放拳头。

第二节 左手拇指对右手拇指,左手中指对右手中指,依次对齐手指对弹。

第三节 两手手指相对应做弯曲运动。

第四节　转动手腕。

第五节　两手握成拳头，从拇指开始依次轮流伸出每个手指。

第二关　穿衣戴帽(5分钟)

训练目的：训练视觉记忆和手部精细动作。

操作方法：每个图形看二十秒钟后盖住此图形，然后在下图中画出所缺少的图案。

第三关　百发百中(5分钟)

训练目的：训练视觉注意力和视觉分辨力。

操作方法：从下面的字母群中把所有的 qdqd 圈出来，并数出个数。

qdqd dqdd qqdd qddq qqdd qqdd qqdd qdqd ddqd ddqq ddqd qqdd qdqd

qddq dqdq ddqd qdqd qdqd qddd dqdd qdqd qdqd dqdq dddq dqdd qdqd

dddq qddq dqdq dqdq dqdq dqdd qdqd qdqd qdqd qdqd dqdd qqqd dddq

dddq dqdq dqdq qdqd dqdq qqdq ddqd qdqd qdqd qdqd qdqd dddd dqdd

qqdq dddd dqdq dqdq qddd qddq dddq dqdq dqdq qdqd qdqd dddd dddd

qdqd dddd qdqd qddd qdqd dqdd dddd dqqd qddd dqdd qdqd qdqd ddqd

dqdq ddqq qdqd dqdq dqdq dqdq dqdq dqdd dqdq dqdq dqdq dqdq dqdd

qqdd dqdq ddqd qqdd qdqd qdqd dddq dqdq dqdq dqdq dqdq ddqd dddd

qdqd dqdq dqqq dqdq qddd qqdd qqdd dqdq dqdq qqqd qdqd qdddd dqdd

qqdd dqdq dqdd dqdd qddd qdqq dddq dqdq qddq qdqd dqdq dqdq dqdd

记录：＿＿＿个

第四关 气功大王(5分钟)

训练目的：训练视动协调性、视觉宽度和视觉转移速度。

操作方法：把下面的每组数字一口气读出来，不要有停顿，并将读错的数字记录下来。

4658765412513564566468546347896542325468576843216	记录：错_____个
8965423102448656546468635954687462312465231486213	记录：错_____个
6584652135421357985321548531554145896548546853545	记录：错_____个
3215487459965213202145874652016810324896547562132	记录：错_____个
9584521021325847585214651161467421014649876548951	记录：错_____个
5324012648795482146154249624579654321548646465263	记录：错_____个
8463215432546322216448467487531326554134177946784	记录：错_____个
2135467789748964484458642246146846216347846853245	记录：错_____个
4556644844463444876611334564464421546546431421544	记录：错_____个
5687976465484631564654654548453215644346744445645	记录：错_____个
1464444632499988787964645456523234211231431531234	记录：错_____个
4656446476632446251675743445544164664344523421655	记录：错_____个
9865555688888446644664586485463254634456154345235	记录：错_____个

第五关 对墙接球(5分钟)

训练目的：训练手眼协调和反应速度。

准备材料：乒乓球、网球。

操作方法：准备一个有弹性的小球（如乒乓球、网球），让孩子站在离墙一米远的地方，对着墙投球，当球弹回来的时候，用手接住。记录五分钟最多能接几个。

第六关　穿针引线(5分钟)

训练目的：训练手部精细动作。

准备材料：各种不同孔径的珠子、线。

操作方法：准备各种孔径不同的珠子和一段线，珠子的孔径可从大到小，逐渐增加串的难度，让孩子在规定的时间内用线把珠子串起来，规定时间内串得越多越好，熟练以后可规定珠子的颜色，增加其复杂程度。

三、补充训练项目(15分钟)

第七关　香蕉菠萝打擂台(5分钟)

训练目的：训练视觉注意力、空间感和视动协调。

操作方法：将菠萝表里的图形按照顺序画在香蕉表里，上下左右不能碰边，不能画错。

菠萝表

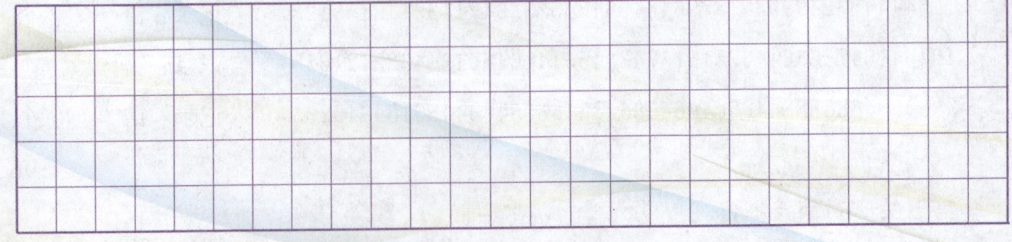

香蕉表

第八关　你追我赶(5分钟)

训练目的：训练手部精细动作。

准备材料：核桃两只。

操作方法：把两只核桃握在手中，可正转可反转，也可左右手一起转，目的是刺激手掌的穴位，增加灵活性。

第九关　原地单脚跳(5分钟)

训练目的：训练大肌肉的发展。

操作方法：让孩子原地单脚跳，先右脚，后左脚，看一次能连续跳多少个。如果能力弱，可让孩子扶着椅背，然后双手拿一个大海绵球，最后不用借助任何东西保持平衡；如果手臂有多余动作干扰平衡，可让孩子手持有重量的物件。

活动十二

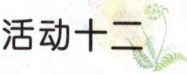

一、调整写作业习惯

写作业(完成老师布置的作业)习惯的调整要求：

* 写作业前先上厕所、喝水；
* 用最快的速度把要求写的作业拿出来并摆好位置；
* 开始写了之后就不能换其他的作业；

* 写的过程中不能与其他人说话,不能做小动作,不能被其他人干扰;
* 写完后要把文具整齐地收拾起来。

二、必做训练项目(30分钟)

第一关 静坐(5分钟)

训练目的:训练注意力和身体的协调性。

操作方法:让孩子盘腿坐在地上,头上顶个纸杯,把腰挺直,不靠任何东西,手分别放在膝盖上,然后闭上眼睛,放轻音乐的同时可以给孩子制造一些干扰(比如敲桌子、敲门、说话等等),时间五分钟。记下孩子在训练过程中掉杯的次数、睁开眼睛的次数、背驼下来的次数、手做小动作的次数。这一关的训练直到孩子不再把背驼下来,不再用手做小动作。

第二关 动动手(5分钟)

训练目的:训练手部精细动作。

操作方法:

第一节 向前伸展手臂,收放拳头。

第二节 左手拇指对右手拇指,左手中指对右手中指,依次对齐手指对弹。

第三节 两手手指相对应做弯曲运动。

第四节 转动手腕。

第五节 两手握成拳头,从拇指开始依次轮流伸出每个手指。

第三关　穿衣戴帽(5 分钟)

训练目的：训练视觉记忆力和手部精细动作。

操作方法：每个图形看二十秒钟后盖住此图形，然后在下图中画出所缺少的图案。

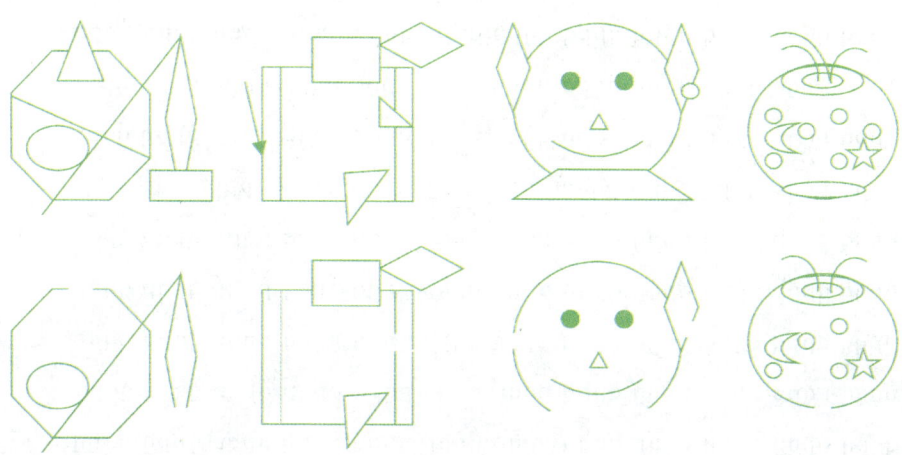

第四关　香蕉菠萝打擂台(5 分钟)

训练目的：训练视觉注意力、空间感和视动协调。

操作方法：将菠萝表里的图形按照顺序画在香蕉表里，上下左右不能碰边，不能画错。

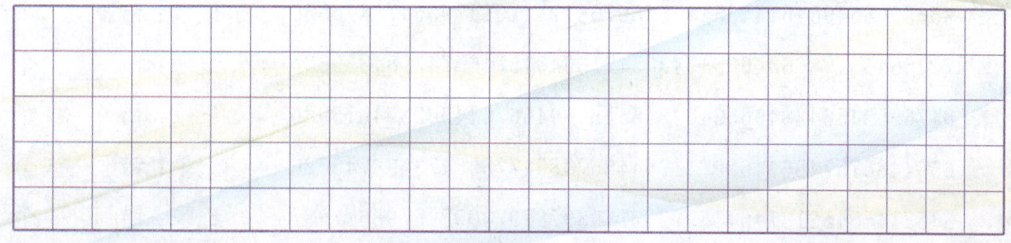

第五关 百发百中（5分钟）

训练目的：训练视觉注意力和视觉分辨力。

操作方法：从下面的字母群中把所有的 ppqq 圈出来，并数出个数。

qqpp qppp qpqp pqqp ppqq qppq pqpp ppqq ppqq ppqp qpqp ppqq

pqpq qqpp qppq qppq qppq qqpp qppq qqpp qqpp qppq qppq qppq

qqpp ppqq qppq pqpp qpqp ppqq pqpp qppq pqpp qppq ppqp qppq

qppq pqqq pppq pqqp qqqp ppqq pqqp qpqp ppqq pqqp ppqp qqpp

qqpp pqpp qppq pqpp pqqq pppp qpqp ppqq pqpp qppp qqqp pqqq

ppqq pqqp qppq ppqq pqqq pqqp qpqp qpqp ppqq qppp qpqp qpqp

ppqq pqqp qpqp qpqp qpqp qppp qpqp ppqq qppq ppqp qpqp qqpp

ppqq qppq qqpp ppqq pppq ppqq qpqq qppq qppq qpqp qppq pqpp

pqqq pqpp ppqq ppqq qppq pqqp ppqq pqpq pqpp qpqp qpbp qqpp

qqpq ppqp qpqp qpqp qpqp qpqp qppp ppqq pqpp qpp qppq ppqq

记录：_____ 个

第六关 气功大王（5分钟）

训练目的：训练视动协调、视觉宽度和视觉转移速度。

操作方法：把下面的每组数字一口气读出来，不要有停顿，并将读错的数字记录下来。

2454626454346547534875345545464764543424465345348　　记录：错_____ 个
5552224452233225220222244465555566545665552221163　　记录：错_____ 个
9485767946546542613474894356465455678392562545398　　记录：错_____ 个
5454747654786466235452145384456643465645667435674　　记录：错_____ 个
8475654896565324217458344653411654356534445546128　　记录：错_____ 个
2356536546321434453454387564358235443565448967493　　记录：错_____ 个
3568966549646144354655756765774415147956475476556　　记录：错_____ 个
7246545349866546654543654213645457465742984839534　　记录：错_____ 个
847655345642846634645455434694567544562374915986　　记录：错_____ 个
6564486757456446293419544867985477665473598745626　　记录：错_____ 个
8452145545216746458977657898978797809875798677937　　记录：错_____ 个

7417474185685744174174174174141417414744744147441　　记录：错_____个
2568585258558558522585225855855655852555585526555　　记录：错_____个

三、补充训练项目（15分钟）

第七关　穿珠游戏（5分钟）

训练目的：训练手眼协调和注意力。

操作方法：见教具（家长自备）

第八关　双手上抛接球（5分钟）

训练目的：训练手眼协调和注意力。

准备材料：乒乓球或网球。

操作方法：双手握住乒乓球或网球，双腿分开同肩宽，身体站直，双手向上抛球，球要过头顶，接球时双手不要过肩，眼睛跟住球，不丢球。抛接球时可以转动身体但双脚不能动。

第九关　不倒翁（5分钟）

训练目的：训练平衡感和协调性。

操作方法：让孩子站在相距二十厘米的两条平行线之间用脚跟行走，平行线长四米。如果孩子行走时身体有多余动作（如手腕向后弯），就让孩子手里拿一个小棒；当孩子开始放松，双手可在身体两侧自由摆动时，则取走小棒。确保消除多余的动作。

活动十三

一、调整写作业习惯

写作业(完成老师布置的作业)习惯的调整要求：
* 写作业前先上厕所、喝水；
* 用最快的速度把要求写的作业拿出来并摆好位置；
* 开始写了之后就不能换其他的作业；
* 写的过程中不能与其他人说话，不能做小动作，不能被其他人干扰；
* 写完后要把文具整齐地收拾起来。

二、必做训练项目(30分钟)

第一关　动动手(5分钟)

训练目的：训练手部精细动作和手指的灵活性。

操作方法：

第一节　向前伸展手臂，收放拳头。

第二节　左手拇指对右手拇指，左手中指对右手中指，依次对齐手指对弹。

第三节　两手手指相对应做弯曲运动。

第四节　转动手腕。

第五节　两手握成拳头，从拇指开始依次轮流伸出每个手指。

第二关　穿衣戴帽(5分钟)

训练目的：训练视觉记忆和手部精细动作。

操作方法：每个图形看二十秒钟后盖住此图形，然后在下图中画出所缺少的图案。

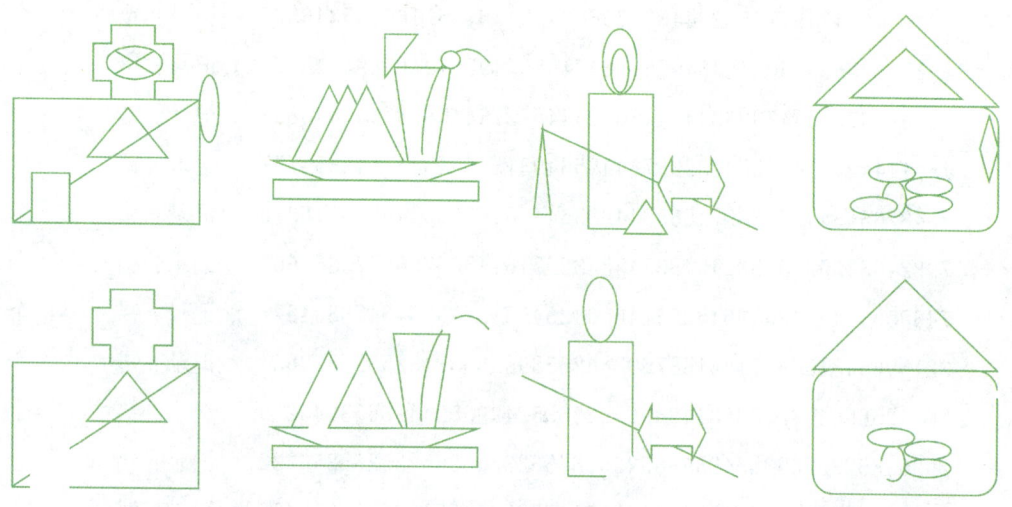

第三关　百发百中(5分钟)

训练目的：训练视觉注意力和视觉分辨力。

操作方法：从下面的数字群中把所有的9669圈出来，并数出个数。

9669	6969	9699	6969	6999	6969	6966	9669	9969	9999	6966
9669	9696	9666	9996	6969	9696	6999	6969	6966	9969	6969
6969	9696	9699	9669	6969	9696	9669	9969	9696	9699	9669
6999	6969	6969	9996	9696	6969	9669	9969	9699	6969	6999
6969	6966	9669	9969	6969	6969	9669	9696	9666	9996	6969
9696	6999	6969	6966	9669	6969	9669	6969	6969	6969	6969
9696	9696	9969	9696	9699	9696	6999	6969	9969	9996	9696
6969	9669	6969	9699	6969	6999	6969	6966	9669	9969	9999
6966	9669	9696	9669	9996	6969	9696	6999	6969	6966	9969
6969	6969	9696	9699	6969	9669	9696	9696	9969	9696	9669
9696	6999	6969	6969	9996	9696	6969	9669	6969	9669	6969

6999　6969　6966　9669　9969　9999　6966　9669　9696

记录：_____个

第四关　气功大王(5分钟)

训练目的：训练视动协调、视觉宽度和视觉转移速度。

操作方法：把下面的每组数字一口气读出来，不要有停顿，并将读错的数字记录下来。

7944946443454745423445347566342547648574653453465　　记录：错_____个
5432512568945021545498511045498654986494654948476　　记录：错_____个
5445789734544798634454456125448957344583974534458　　记录：错_____个
1564144352144655443928734455649313465434671423547　　记录：错_____个
8948765644867389745655449836445846534463454163　　记录：错_____个
7982458435245483245533455432974614566756877385767　　记录：错_____个
7465564546533546645265446564254658354625164578345　　记录：错_____个
3215965484565511641687693652658952365213258965236　　记录：错_____个
8654256854632563584458965223635249955944986532452　　记录：错_____个
2536565235265325425636523658656232652652352652562　　记录：错_____个
7845856859546521325415263251456256345546654566584　　记录：错_____个
6475644659456745765944624321953446546467544364547　　记录：错_____个
0978876564763544659123495844746654788968467654996　　记录：错_____个
9876457659476435415754779945865785654483457651985　　记录：错_____个
9874794375644795683763446549746454716431364646547　　记录：错_____个
5865844346942466547933449349475649879445983965466　　记录：错_____个

第五关　对墙接球(5分钟)

训练目的：训练手眼协调和反应速度。

准备材料：乒乓球、网球。

操作方法：准备一个有弹性的小球(如乒乓球、网球)，让孩子站在离墙一米远的地方，对着墙投球，当球弹回来的时候，用手接住。记录五分钟最多能接几个。

第六关　穿针引线(5分钟)

训练目的：训练手部精细动作。

准备材料：各种不同孔径的珠子、线。

操作方法：准备各种孔径不同的珠子和一段线，珠子的孔径可从大到小，逐渐增加串的难度，让孩子在规定的时间内用线把珠子串起来，规定时间内串得越多越好，熟练以后可规定珠子的颜色，增加其复杂程度。

三、补充训练项目（15分钟）

第七关　香蕉菠萝打擂台（5分钟）

训练目的：训练视觉注意力、空间感和视动协调。

操作方法：将菠萝表里的图形按照顺序画在香蕉表里，上下左右不能碰边，不能画错。

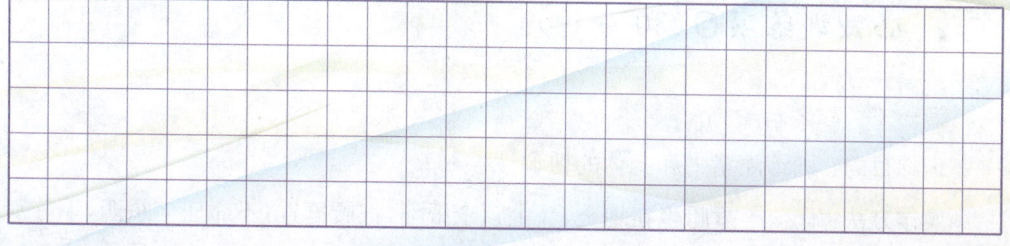

第八关　你追我赶(5分钟)

训练目的：训练手部精细动作。

准备材料：两只核桃。

操作方法：把两只核桃握在手中，可正转可反转，也可左右手一起转，目的是刺激手掌的穴位，增加灵活性。

第九关　原地单脚跳(5分钟)

训练目的：训练大肌肉的发展。

操作方法：让孩子原地单脚跳，先右脚，后左脚，看一次能连续跳多少个。如果能力弱，可让孩子扶着椅背，然后双手拿一个大海绵球，最后不用借助任何东西保持平衡；如果手臂有多余动作干扰平衡，可让孩子手持有重量的物件。

活动十四

一、调整写作业习惯

写作业(完成老师布置的作业)习惯的调整要求：

* 写作业前先上厕所、喝水；
* 用最快的速度把要求写的作业拿出来并摆好位置；
* 开始写了之后就不能换其他的作业；
* 写的过程中不能与其他人说话，不能做小动作，不能被其他人干扰；
* 写完后要把文具整齐地收拾起来。

二、必做训练项目(30分钟)

第一关　静坐(5分钟)

训练目的：训练注意力和身体的协调性。

操作方法：让孩子盘腿坐在地上，头上顶个纸杯，把腰挺直，不靠任何东西，手分别放在膝盖上,然后闭上眼睛,放轻音乐的同时可以给孩子制造一些干扰(比如敲桌子、敲门、说话等等),时间五分钟。记下孩子在训练过程中掉杯的次数、睁开眼睛的次数、背驼下来的次数、手做小动作的次数。这一关的训练直到孩子不再把背驼下来,不再用手做小动作。

第二关　动动手(5分钟)

训练目的:训练手部精细动作。

操作方法:

第一节　向前伸展手臂,收放拳头。

第二节　左手拇指对右手拇指,左手中指对右手中指,依次对齐手指对弹。

第三节　两手手指相对应做弯曲运动。

第四节　转动手腕。

第五节　两手握成拳头,从拇指开始依次轮流伸出每个手指。

第三关　穿衣戴帽(5分钟)

训练目的:训练视觉记忆力和手部精细动作。

操作方法:每个图形看二十秒钟后盖住此图形,然后在下图中画出所缺少的图案。

第四关　香蕉菠萝打擂台（5分钟）

训练目的：训练视觉注意力、空间感和视动协调。

操作方法：将菠萝表里的图形按照顺序画在香蕉表里，上下左右不能碰边，不能画错。

菠萝表

《	◇	⊙	□	▽	△	□	9	□	◇	▼	大	○	⊿	小	○	D	△	□	◇	▽	⊿	H	○	/
6	○	0	是	△	8	!	6	○	我	=	§	⊙	@	☆	○	◇	□	#	&	P	你	K	□	?
⊙	7	▽	6	◇	#	▽	☆	◎	§	$	‰	&	#	◇	△	@	◎	☆	E	K	¥	》	…	
△	⊙	○	?	▽	△	▽	5	⊙	○	△	▽	/	⊿	8	△	3	好	□	N	○	▽	△	9	
~	◎	+	□	¥	No	÷	☆	◇	□	△	@	&	#	§	◎	×	‰	!	÷	$	No	§	☆	

香蕉表

第五关　百发百中（5分钟）

训练目的：训练视觉注意力和视觉分辨力。

操作方法：从下一页的字母群中把所有的 dbdb 圈出来，并数出个数。

ddbb	dbdb	dbdb	bbbd	dbbd	ddbd	bbbb	dbdb	dbbd	dbbd	dbdb
bbdb	ddbb	bddb	bbdd	dbdd	bbdb	dbbd	dbbd	dbbd	bddb	dbdb
bbdd	bddb	dbdb	bdbb	dbdb	bddd	bbbd	bbbb	dbdb	dbbb	dbbd
dbdb	bbdd	bbbb	dbdb	dbbb	bbdb	bbbd	dbdb	bddb	dbbb	bbdd
bbbd	dbdb	dbbb	bbbb	dbdb	dbbd	bdbb	dbdb	dbdb	dbdb	dbdb
dbdb	ddbb	dbdb	dbdb	bbdd	bbbb	bbbb	dbdb	bdbb	dbdb	bbdb
dddb	dbdb	bbdb	bbdb	dbbb	bbdb	dbdb	dbdb	bdbb	dbdb	dbdb
bbdb	dbbd	bddb	bddb	bbbd	bddb	ddbd	bbbb	dbdb	dbbd	bdbd
dbdb	bbdb	dbdb	bbdb	bbdb	bddd	bbdb	dbbd	dbbd	dbdb	dbdb
dbbd	bbdb	bddb	bbdb	dbdb	bbdb	bddd	bbbd	bbbb	dbdb	dbbb
dbbd	dbdb	bbdb	bbbd	bdbb	bbbb	bbbb	bbbb	ddbb	ddbb	dbbd
bbdd	bbbd	dbbd	dbbd	bbdb	ddbb	dbbd	bdbb	bddb

记录：_____个

第六关 气功大王（5 分钟）

训练目的：训练视动协调、视觉宽度和视觉转移速度。

操作方法：把下面的每组数字一口气读出来，不要有停顿，并将读错的数字记录下来。

2554648846852353265236565456523526523526532565355352　　记录：错_____个
8564658465854685468556485746484684684685465864846856　　记录：错_____个
4556475547568797957546674364572447655647658985663465　　记录：错_____个
5665446557463544583465547665678465462465546648456　　记录：错_____个
3526354493574753647865846744879358479482769847 64547　　记录：错_____个
9636546534654649636954945469345564495754539564 54579　　记录：错_____个
2854455934654569665465496784576448567934656549349654　　记录：错_____个
6985645213568595495489947866449752334921344534549626　　记录：错_____个
8485649856614946545864469344649578753646542453547569　　记录：错_____个
9478854434534674586549647634326546654547694837479244　　记录：错_____个
0854632513536434694854646554615494793845784567845984　　记录：错_____个
9845696564415265994549744652346768769456265476583456　　记录：错_____个
9549121654246456315475686794899447625469584876998496　　记录：错_____个

676546245543459134562416943549513644549479241234598 　记录：错＿＿＿个
658468464865468657355421943698476547654244591823548 　记录：错＿＿＿个
789124453469245476742439284465445234455476542859135 　记录：错＿＿＿个

三、补充训练项目（15分钟）

第七关　穿珠游戏（5分钟）

训练目的：训练手眼协调和注意力。

操作方法：见教具（家长自备）

第八关　双手上抛接球（5分钟）

训练目的：训练手眼协调和注意力。

准备材料：乒乓球或网球。

操作方法：双手握住乒乓球或网球，双腿分开同肩宽，身体站直，双手向上抛球，球要过头顶，接球时双手不要过肩，眼睛跟住球，不丢球。抛接球时可以转动身体但双脚不能动。

第九关　不倒翁（5分钟）

训练目的：训练平衡感和协调性。

操作方法：让孩子站在相距二十厘米的两条平行线之间用脚跟行走，平行线长四米。如果孩子行走时身体有多余动作（如手腕向后弯），就让孩子手里拿一个小棒；当孩子开始放松，双手可在身体两侧自由摆动时，则取走小棒。确保消除多余的动作。

能坚持这么长时间真是不简单啊！

活动十五

一、调整写作业习惯

写作业(完成老师布置的作业)习惯的调整要求:
* 写作业前先上厕所、喝水;
* 用最快的速度把要求写的作业拿出来并摆好位置;
* 开始写了之后就不能换其他的作业;
* 写的过程中不能与其他人说话,不能做小动作,不能被其他人干扰;
* 写完后要把文具整齐地收拾起来。

二、必做训练项目(30分钟)

第一关　动动手(5分钟)

训练目的:训练手部精细动作和手指的灵活性。
操作方法:
第一节　向前伸展手臂,收放拳头。
第二节　左手拇指对右手拇指,左手中指对右手中指,依次对齐手指对弹。
第三节　两手手指相对应做弯曲运动。
第四节　转动手腕。
第五节　两手握成拳头,从拇指开始依次轮流伸出每个手指。

第二关　穿衣戴帽(5分钟)

训练目的:训练视觉记忆和手部精细动作。
操作方法:每个图形看二十秒钟后盖住此图形,然后在下图中画出所缺少的图案。

   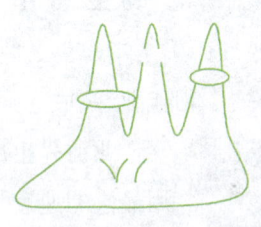

第三关　百发百中（5分钟）

训练目的：训练视觉注意力和视觉分辨力。

操作方法：从下面的数字群中把所有的 6565 圈出来，并数出个数。

5665	6556	6565	6565	5665	6655	6556	6565	6655	5665
6655	5665	6565	5665	6565	6556	6565	5656	5665	6665	6565
6656	6665	6565	6555	6556	6655	6665	6565	6655	6556	5665
6565	6665	6555	6655	5655	6565	5665	6556	6655	5665	6565
5665	6556	6565	6655	6565	6556	6565	5665	6565	6655	5665
6565	6556	6565	6655	6665	6565	6656	6765	6556	6655	6556
6655	6565	6655	5566	6565	5566	5656	6565	5665	6565	6565

6556	5665	6556	6556	5665	5665	6556	6565	5566	5665	6655
6655	6655	6556	6655	6565	6556	6565	5566	5665	6556	6665
6655	5666	6565	5665	6565	6556	6565	6655	6655	6655	6655
6655	6655	6655	6655	6655	6655	6655	5665	6556	6565	6556
6565	6556	6556	5665	5566	6556	6565	6565	5665	记录：_____个	

第四关　气功大王(5分钟)

训练目的：训练视动协调、视觉宽度和视觉转移速度。

操作方法：把下面的每组数字一口气读出来，不要有停顿，并将读错的数字记录下来。

8465494654976549432946534246923494635468786843216565　　记录：错_____个
6748789454416954744592345454795346354416945746349846　　记录：错_____个
9846549446545695487745643567649424664315675489348549　　记录：错_____个
7846544672344564957264563245464876564789354676545474　　记录：错_____个
5152231594567645863546932466477635456454796547856534　　记录：错_____个
0874964634456467948346342545644598276446547983445652　　记录：错_____个
4541654340331641768196517611361564178465631565416645　　记录：错_____个
1202649849749647592446577424568977842645695487794245　　记录：错_____个
9568537256123532446156544665454798653476554636564545　　记录：错_____个
3454464956443467958742454449836454984653469846564432　　记录：错_____个
5464698455476932456546923346554494457249867544254893　　记录：错_____个
6326356543465546654164536984294548397464958472398488　　记录：错_____个
2232032542453144534920893126044546244643968546546573　　记录：错_____个
9426434567953748643265235444576469438464115634654967　　记录：错_____个
4256454456445671439646436564315496465479345645949428　　记录：错_____个
9854326544746634431984756493461545463546454749344614　　记录：错_____个

第五关　对墙接球(5分钟)

训练目的：训练手眼协调和反应速度。

准备材料：乒乓球、网球。

操作方法：准备一个有弹性的小球(如乒乓球、网球)，让孩子站在离墙一米远的地方,对着墙投球,当球弹回来的时候,用手接住。记录五分钟最多能接几个。

第六关　穿针引线(5分钟)

训练目的:训练手部精细动作。

准备材料:各种不同孔径的珠子、线。

操作方法:准备各种孔径不同的珠子和一段线,珠子的孔径可从大到小,逐渐增加串的难度,让孩子在规定的时间内用线把珠子串起来,规定时间内串得越多越好,熟练以后可规定珠子的颜色,增加其复杂程度。

三、补充训练项目(15分钟)

第七关　香蕉菠萝打擂台(5分钟)

训练目的:训练视觉注意力、空间感和视动协调。

操作方法:将菠萝表里的图形按照顺序画在香蕉表里,上下左右不能碰边,不能画错。

菠萝表

香蕉表

第八关　你追我赶(5分钟)

训练目的：训练手部精细动作。

准备材料：两只核桃。

操作方法：把两只核桃握在手中，可正转可反转，也可左右手一起转，目的是刺激手掌的穴位，增加灵活性。

第九关　原地单脚跳(5分钟)

训练目的：训练大肌肉的发展。

操作方法：让孩子原地单脚跳，先右脚，后左脚，看一次能连续跳多少个。如果能力弱，可让孩子扶着椅背，然后双手拿一个大海绵球，最后不用借助任何东西保持平衡；如果手臂有多余动作干扰平衡，可让孩子手持有重量的物件。

活动十六

一、调整写作业习惯

写作业(完成老师布置的作业)习惯的调整要求：

* 写作业前先上厕所、喝水；
* 用最快的速度把要求写的作业拿出来并摆好位置；

* 开始写了之后就不能换其他的作业;
* 写的过程中不能与其他人说话,不能做小动作,不能被其他人干扰;
* 写完后要把文具整齐地收拾起来。

二、必做训练项目(30分钟)

第一关　静坐(5分钟)

训练目的:训练注意力和身体的协调性。

操作方法:让孩子盘腿坐在地上,头上顶个纸杯,把腰挺直,不靠任何东西,手分别放在膝盖上,然后闭上眼睛,放轻音乐的同时可以给孩子制造一些干扰(比如敲桌子、敲门、说话等等),时间五分钟。记下孩子在训练过程中掉杯的次数、睁开眼睛的次数、背驼下来的次数、手做小动作的次数。这一关的训练直到孩子不再把背驼下来,不再用手做小动作。

第二关　动动手(5分钟)

训练目的:训练手部精细动作。

操作方法:

第一节　向前伸展手臂,收放拳头。

第二节　左手拇指对右手拇指,左手中指对右手中指,依次对齐手指对弹。

第三节　两手手指相对应做弯曲运动。

第四节　转动手腕。

第五节　两手握成拳头,从拇指开始依次轮流伸出每个手指。

第三关　穿衣戴帽(5分钟)

训练目的:训练视觉记忆和手部精细动作。

操作方法:每个图形看二十秒钟后盖住此图形,然后在下图中画出所缺少的图案。

第四关　香蕉菠萝打擂台(5分钟)

训练目的:训练视觉注意力、空间感和视动协调。

操作方法:将菠萝表里的图形按照顺序画在香蕉表里,上下左右不能碰边,不能画错。

菠萝表

上	◇	⊙	田	▽	人	☆	+	$	§	×	◎	○	⊿	小	○	D	△	□	◇	▽	⊿	M	‰	¥
下	○	0	日	◇	8	!	○	6	太	=	§	K	+	~	#	□	△	衣	▽	P	你	☆	阳	#
□	×	☆	÷	▽	上	@	◎	/	□	9	□	◇	▽	?	学	⊙	7	花	6	$	◎	~	?	○
△	少	○	?	△	下	@	&	□	△	/	习	8	×	÷	□	~	△	☆	水	▽	△	8
◇	□	△	&	⊙	#	◎	△	3	月	N	○	§	☆	◎	◇	□	@	&.	△	#	×

香蕉表

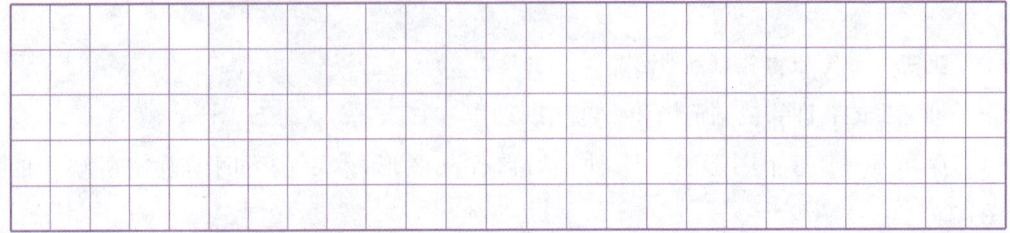

第五关　百发百中(5分钟)

训练目的：训练视觉注意力和视觉分辨力。

操作方法：从下边的字母群中把所有的 bppb 圈出来，并数出个数。

pbpb　pbpp　bppb　pbbp　bpbp　bpbp　bpbp　bpbp　bppb　pbpb　ppbp

pbpb　bbpb　bppb　bbpp　bbpp　bbpp　bbpp　ppbb　bppb　bpp p　bbpp　bbpp

bppp　bbpb　bppb　ppbb　bppb　bppb　bppb　bppb　bbpb　ppbb　ppbb

bppp　bbbp　pbbp　pbbb　ppbb　ppbb　pbbp　pbbb　ppbb　bpbp　pbbb

ppbb　ppbb　bppb　ppbb　ppbb　bbpp　bbpp　bbpb　ppbb　bppb　ppbp

ppbb　ppbb　pppb　bppp　bppb　ppbb　bbpp　bpbp　pbbb　bpbp　bbpb

pbpb　pbpb　pppb　pbbp　ppbb　ppbb　ppbb　bpbp　bpbb　bpbp　bbpb

pbpb　pbpp　bppb　ppbb　bbbp　pbbb　ppbb　bppb　bpbp　ppbb　pbpb

pbpp　bppb　bppb　bppb　bppp　bbpb　bppp　ppbb　bpbp　bppb　pbpb

ppbb　ppbb　bppb　bppb　bppb　bppp　bppp　bbpp　pbpb　pbpp　ppbp

bpbp　ppbp　ppbp　ppbb　bppb　bppb　pbpb　ppbp　bppp

记录：_____ 个

第六关　气功大王(5分钟)

训练目的：训练视动协调、视觉宽度和视觉转移速度。

操作方法：把下边的每组数字一口气读出来，不要有停顿，并将读错的数字记录下来。

363636636363363366636363633663636363636366366666636　记录：错_____ 个

52525256522255552252255522225555522225522522252225225225　记录：错_____ 个

5858585855558858888858585858558588555885858585855 记录：错_____个
1777117171111777711117717177171717717117177171717177 记录：错_____个
2828282888522282228282828222285882288522852282228822 记录：错_____个
4646464646444466664444666644464644446666444444646 记录：错_____个
3737373737373737777763337773733737373777373333777 记录：错_____个
8686868686888886868666888866888686868686688886 记录：错_____个
9090900069909090900909009099900090090900990909099 记录：错_____个
6999996969666696999669699669996969696969999669966 记录：错_____个
4747474774747474747474747474747777747447744777474 记录：错_____个
6484923446859345656449254755447965465444942546546454 记录：错_____个
4649897858436563494546544594674645756948594665463457 记录：错_____个
9879467786445569384746654469548439454869548742498569 记录：错_____个
7394687459879234891274958749854779358562345684598789 记录：错_____个
1455461934649577829345847479837694587692374756765456 记录：错_____个

三、补充训练项目（15分钟）

第七关　穿珠游戏（5分钟）

训练目的：训练手眼协调和注意力。

操作方法：见教具（家长自备）

第八关　双手上抛接球(5分钟)

训练目的：训练手眼协调和注意力。

准备材料：乒乓球或网球。

操作方法：双手握住乒乓球或网球，双腿分开同肩宽，身体站直，双手向上抛球，球要过头顶，接球时双手不要过肩，眼睛跟住球，不丢球。抛接球时可以转动身体但双脚不能动。

第九关　不倒翁(5分钟)

训练目的：训练平衡感和协调性。

操作方法：让孩子站在相距二十厘米的两条平行线之间用脚跟行走，平行线长四米。如果孩子行走时身体有多余动作（如手腕向后弯），让孩子手里拿一个小棒；当孩子开始放松，双手可在身体两侧自由摆动时，则取走小棒。确保消除多余的动作。

活动十七

一、调整写作业习惯

写作业（完成老师布置的作业）习惯的调整要求：

* 写作业前先上厕所、喝水；
* 用最快的速度把要求写的作业拿出来并摆好位置；
* 开始写了之后就不能换其他的作业；
* 写的过程中不能与其他人说话，不能做小动作，不能被其他人干扰；
* 写完后要把文具整齐地收拾起来。

二、必做训练项目(50分钟)

第一关　目不转睛(5分钟)

让孩子盘腿坐在地上，把腰挺直，不靠任何东西，手分别放在膝盖上，和母亲面对

面坐着,眼睛和母亲对视,记录一分钟孩子眨眼的次数,越少越好,然后闭眼休息一分钟,再对视一分钟,记录孩子眨眼的次数。

第二关　一模一样(5分钟)

把下面每个图形看四十秒后,凭记忆画出来(注意每个图形在点状图中横向和纵向的位置,看一个图形时要盖住其他的图形)。

第三关　香蕉菠萝打擂台（5分钟）

将菠萝表里的图形按照顺序画在香蕉表里，上下左右不能碰边，不能画错。

菠萝表

□	△	◇	⊙	D	▽	△	/	△	□	◇	☆	△	◇	▽	△	H	▽	□	9	$	○
△	⊙	□	◎	5	=	8	?	◇	▽	△	6	~	7	▽	×	P	○	K	△	#	§	○	⊙
△	$	‰	○	#	3	△	#	9	□	▽	△	◇	⊙	§	8	△	N	□	@	▽	◎	▽	⊙	5
$	#	○	□	×	$	÷	¥	‰	☆	○	□	△	◎	△	&	光	#	$	—	○	÷	~	◎	@
¥	△	△	×	○	△	‰	△	÷	◎	☆	…	?	▽	△	N	○	‰	▽	÷	□	8	&.	△
‰	#	~	§	¥	○	—	÷	◎	□	+	$	×	◇	○	☆	&.	@	#	行	M	5	T

香蕉表

第四关　一分为二（5分钟）

在两条线的中间画一条中线（平行的），然后再在分出的三条线中间画中线，记录孩子所画中线的准确性和速度。

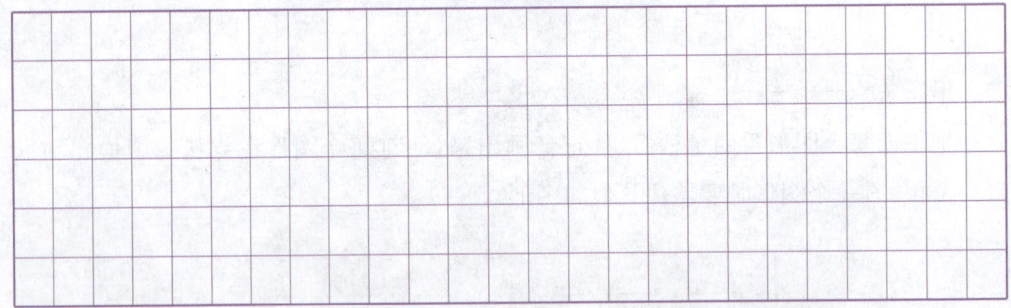

第五关　气功大王（5分钟）

把下面的每组字母一口气读出来，不要有停顿，并将读错的字母记录下来。

BBBDBDBDBDBBBBDDDDDBBBBDDDDDBBBBBDBDBDB

记录：错_____个

WMWMMMWWMMMMMWWMWMMMMMWWWMMMMW

记录：错_____个

FHFFFHHHFHFHFHHHHHFFFFFHHHHFFFFHHHHFHHHHHHH

记录：错_____个

YYYYYTYYYTTTTTYYYTTTTTTTYYYYYTTTTTTYYYTTT

记录：错_____个

JJJJJJJJLLJJJLLLLLJJJLLLLJLLLLJJJJJLLLLLJJJJJJJLLLLJJJJJLLL

记录：错_____个

CCCCCGGGGCGCGCGGGCCCGGGCCCGGGGCCCGCGCCCGGG

记录：错_____个

OOOOOPPPPPOOOOPPOOPPOOOOPPOOOPPOOOOPOPOOPOO

记录：错_____个

SKKKSSSKKKKKSSSSKKKSSSSKKKKKKKSSSKKKSSSSKKKKK

记录：错_____个

AAASSDDDSAASDSSDASDSASDDDSSAASASDSASDSASASDSA

记录：错_____个

XYZZZZXYYXYYXYZYYZYYXYYXZYYXZYYZYXYZYXYZXZZ

记录：错_____个

OPQOPQOQPOQPQOQQQPPPOQQOOOPQQOPPPPQOOQQPOPOO

记录：错_____个

FMNFMFNMFNMFMNFNFMFMMNFFNNFMNFMFNMFNFMFNFF

记录：错_____个

GBKGKBKBKGKBKGKKKGGGKBKKGBBGKKGKBKKGKKKGG

记录：错_____个

MNLMNLNMLNLMLMLNLMLNLNLLNNMLLMNNMMLLNLNM

记录：错_____个

CUTCUTCTUTUTUCUTUCUTTUTUCUTUCCTUUTTTUCUTUCTU

记录：错_____个

GDFGDGFGDGFGDDGFGFGFFDDGGFDGFGDGGFGDGGGFGGD

记录：错_____个

第六关　一笔一画(5分钟)

用最快的速度把下面的字按照正确的笔画顺序写出来。

例如：

| 王 | 一 | 二 | 干 | 王 |

拼									
法									
横									
歌									
读									
整									

第七关　单手摇绳(5分钟)

用一条三米长的跳绳,一端系在安全的地方,要求握住另一端绕肩画大圆弧摇绳。开始时用右手,然后用左手。按顺时针、逆时针方向连续摇绳时,不用的那只手不能有多余的动作。要求伸出手臂摇绳,不运动的手里可拿一个短棒或圆环,使手臂下垂,不至于出现多余的动作。

第八关　对号入座(5分钟)

将所给汉字做成卡片,按下列顺序排列。让孩子观看八秒钟,打乱后重新按这一顺序排列,速度越快越好。

第一组：包　刀　跑　快　车

第二组：夏　黑　凉　晚　风

第三组：学　盆　吃　头　海

第九关　克隆(5分钟)

给孩子二十秒的时间看顶行的符号下面所代表的数字并记住,然后盖住顶行的符号和数字,并把下面的符号标上所代表的数字。

○　△　◇　□　☆
1　2　3　4　5

○△◇□☆◇△□○☆△○□☆◇○

□○☆△○◇△□○△☆◇△□○☆

◇□○△☆△○☆◇○△☆◇□○□

☆○◇□○□◇☆△□◇○☆△○☆◇

△○◇☆○☆△○□○☆△○□○☆△○

第十关　模仿动物跳(5分钟)

猩猩走：身子下蹲,双膝稍稍弯曲,脚尖稍向内扣,两臂下垂手心向里虚握拳。走路时手臂前后摆动,幅度尽量大,模仿猩猩走路的样子。

小兔跳：身体下蹲微前倾,手背后,脚跟稍微抬起,用脚尖的力量向前跳跃,模仿小兔子的样子。

矮子竞走：身体下蹲,上身挺直,重心下降,双手伸直,保持此姿势进行跑步比赛。

<h2 style="text-align:center">活动十八 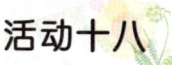</h2>

一、调整写作业习惯

家长对待孩子本身写作业习惯的调整要求：

* 写作业前先上厕所、喝水；

* 用最快的速度把要求写的作业拿出来并摆好位置；

* 开始写了之后就不能换其他的作业；

* 写的过程中不能与其他人说话，不能做小动作，不能被其他人干扰；

* 写完后要把文具整齐地收拾起来。

二、必做训练项目(50分钟)

第一关　目不转睛(5分钟)

让孩子盘腿坐在地上，把腰挺直，不靠任何东西，手分别放在膝盖上，和母亲面对面坐着，眼睛和母亲对视，记录一分钟孩子眨眼的次数，越少越好，然后闭眼休息一分钟，再对视一分钟，记录孩子眨眼的次数。

第二关　一模一样(5分钟)

把下面每个图形看四十秒后，凭记忆画出来(注意每个图形在点状图中横向和纵向的位置，看一个图形时要盖住其他的图形)。

第三关　香蕉菠萝打擂台（5分钟）

将菠萝表里的图形按照顺序画在香蕉表里，上下左右不能碰边，不能画错。

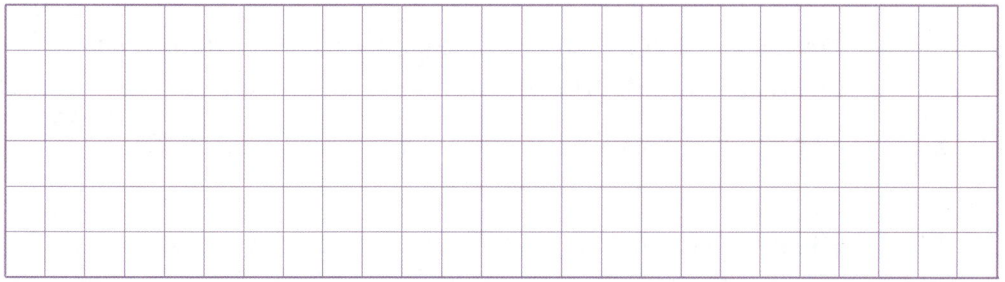

菠萝表

香蕉表

第四关　一分为二（5分钟）

在两条线中间画中线，然后再在三条线中间画中线，记录孩子所画中线的准确性和速度。

第五关　气功大王（5分钟）

把下面的每组字母一口气读出来，不要有停顿，并将读错的字母记录下来。

CCGGCCCGGGCGCCCGGGGCCCGGCCCGGGGCGCCGCCCGGG

记录：错_____个

RBRBBRBRBRRRRBBRRRBRBBRBRBRRRBBBRBBRBBBRB

记录：错_____个

OOOOOPOOOPPOOPPOOOOPPOOPOPOPPOOOPPOOOPPPOPOO

记录：错_____个

XYZZZZXZYYZYYXYYYXYZYYZYXYYXZYYXYYYZYXYZXZZ

记录：错_____个

OPQOPQOQPOQPQOQQQPPPOQQOOOPQQOPPPPQOOQQPOPOO

记录：错_____个

XLXLXLLXLXLLXXXLLLXXLLXXLLLXXLLXLXLXXXLXXX

记录：错_____个

AAASSDDDSAASDSSDASDSASDDDSSAASASDSASDSASASDSA

记录：错_____个

SKKKSSSKKKKKSSSSKKSSSSKKKKKKSSKKKSSSSKKKKK

记录：错_____个

MNLMNLNMLNLMLMLNLMLNLNLLNNMLLMNNMMLLNLNM

记录：错_____个

GDFGDGFGDGFGDDGFGFGFFDGGFDGFGDGGFGDGGGFGGD

记录：错_____个

FMNFMFNMFNMFMNFNFMFMMNFFNNFMNFMFNMFNFMFNFF

记录：错_____个

GBKGKBKBKGKBKGKKKGGGKBKKGBBGKKGKBKKGKKKGG

记录：错_____个

CUTCUTCTUTUTUCUTUCUTTUTUCUTUCCTUUTTTUCUTUCTU

记录：错_____个

FHFFFHHHFHFHFHHHHHHHFFFFFHHHFFFFHHHHFHHHHHH

记录：错_____个

BBBDBDBBBDBDDDDBBBDBBBDBDDDDBBDDBBBDB

记录：错_____个

YYYYYTYYTTTTYYYTTTTTTYYYYYTTTTTTYYYTTT

记录：错_____个

第六关　一笔一画（5分钟）

用最快的速度把下面的字按照正确的笔画顺序写出来。

例如：

| 王 | 一 | 二 | 千 | 王 |

带											
想											
图											
练											
照											
填											

第七关　雨点节奏曲（5分钟）

家长先教孩子做下列动作，然后家长喊口令，孩子做出相应的动作。家长还可以把口令编成故事（比如：刚才阳光灿烂的天，忽然飘过一团乌云，天暗了下来，接着下起了小雨……）。

小雨——指尖轻敲击桌面　　　　中雨——两手轮拍大腿

大雨——大力鼓掌　　　　　　　暴雨——跺脚

第八关　对号入座(5分钟)

将所给汉字做成卡片,按下列顺序排列。让孩子观看八秒钟,打乱后重新按这一顺序排列,速度越快越好。

第一组:门　火　手　天　衣

第二组:山　树　桥　绿　水

第三组:林　鸟　飞　叶　枝

第九关　克隆(5分钟)

给孩子二十秒的时间看顶行的符号下面所代表的数字并记住,然后盖住顶行的符号和数字,并把下面的符号标上所代表的数字。

　　　　△　　○　　□　　◇　　☆
　　　　1　　2　　3　　4　　5

◇ △ □ ○ □ ☆ ◇ ☆ △ ○ △ ☆ ◇ ○

___

◇ ○ ☆ △ △ ☆ ◇ △ ◇ □ ○ ☆ △ ○ □ ○ ☆

___

△ ○ ☆ △ □ ○ △ ☆ ◇ △ ☆ ◇ □

___

☆ ◇ □ ○ △ ◇ ☆ ○ ☆ △ □ △ ◇

___

○ ☆ △ △ ◇ ☆ ◇ □ ○ ☆ △ ○ △ ○ ☆ □

___

第十关　模仿动物跳(5分钟)

猩猩走:身子下蹲,双膝稍稍弯曲,脚尖稍向内扣,两臂下垂手心向里虚握拳。走路时手臂前后摆动,幅度尽量大,模仿猩猩走路的样子。

小兔跳:身体下蹲微前倾,手背后,脚跟稍微抬起,用脚尖的力量向前跳跃,模仿小兔子的样子。

矮子竞走:身体下蹲,上身挺直,重心下降,双手伸直,保持此姿势进行跑步比赛。

活动十九

一、调整写作业习惯

家长对待孩子本身写作业习惯的调整要求：
* 写作业前先上厕所、喝水；
* 用最快的速度把要求写的作业拿出来并摆好位置；
* 开始写了之后就不能换其他的作业；
* 写的过程中不能与其他人说话，不能做小动作，不能被其他人干扰；
* 写完后要把文具整齐地收拾起来。

二、必做训练项目（50分钟）

第一关　目不转睛（5分钟）

让孩子盘腿坐在地上，把腰挺直，不靠任何东西，手分别放在膝盖上，和母亲面对面坐着，眼睛和母亲对视，记录一分钟孩子眨眼的次数，越少越好，然后闭眼休息一分钟，再对视一分钟，记录孩子眨眼的次数。

第二关 一模一样(5分钟)

把下面每个图形看四十秒后,凭记忆画出来(注意每个图形在点状图中横向和纵向的位置,看一个图形时要盖住其他的图形)。

第三关 香蕉菠萝打擂台(5分钟)

将菠萝表里的图形按照顺序画在香蕉表里,上下左右不能碰边,不能画错。

菠萝表

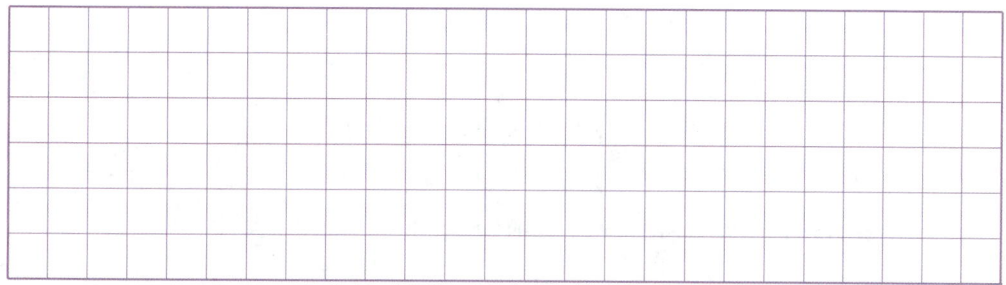

香蕉表

第四关　一分为二(5分钟)

在两条线中间画中线,然后再在三条线中间画中线,记录孩子所画中线的准确性和速度。

第五关　气功大王(5分钟)

把下面的每组字母一口气读出来,不要有停顿,并将读错的字母记录下来。

PDPDPPDDDDPPDPDPDPPDDDDPPPPPDDDPPPDPDPPDPPDDPPD

记录：错_____个

EEWWEEWWWEEWWEWWWEEWWWEEEWWEEEWWWEEW

记录：错_____个

AUUAAAUUAAUUAAUUUAAAUAUAUUUAUUAUAU

记录：错_____个

NBNBNNBBBNNBBBNNBBNBNNBBBBNNBBBNBNNNNNNN

记录：错_____个

ZLZZLZLLZZZLLZZLLLLZZLZZLLLZZLLZLZZLLLZLZLZLLZLZ

记录：错_____个

XLXLLLXXLLXXLXLXXLXLLXLXLXLLLXXLLXLLXXXXLXXX

记录：错_____个

MBAMBABAMBAMBAMBAMBAMMABAMBAMBAMBABA

记录：错_____个

CYCTCTCTYCTCYTYCYTCYTCYTCTTCTCYTYTCYTYCTCTYTC

记录：错_____个

ECDEDCECDCECDCEDDEDDEDCCCCDEDEDDEDDCECECDCED

记录：错_____个

SDKSSKKDDSKDKKSKKDSKKDKDKKDKSKDKSDKSKDKSKKD

记录：错_____个

EDUEEUDUUUDUEUDUUDUDUUEUUDEEDUUUEUUDUUEUDU

记录：错_____个

CTPCTPCTPTCPTPTCPTPCPPTPCTPPPTCTTCCTPPCPTPCPTPTPC

记录：错_____个

DOSDOSDSOOOSDSSOODOOOSOODOSOODOOSOOOSDDSOODS

记录：错_____个

GIFGFIGIFIGFFFGGIIFGIIIFGIIIFGIGIGIIFFGIGGGGIFIIGGGIFIGIF

记录：错_____个

BMWBMWMBWBMWWBBWWMBBWMWBWMBBWMBBWMBW

记录：错_____个

CRTCRTRTTRCRCCRRTRCTRCTTTRCCCRRTTRCRTTRCTRTCTRT

记录：错_____个

第六关　一笔一画(5分钟)

用最快的速度把下面的字按照正确的笔画顺序写出来。

例如：

| | 王 | 一 | 二 | 千 | 王 |

猜											
谁											
偏											
鸭											
谜											
爱											
帮											

第七关　单手摇绳(5分钟)

用一条三米长的跳绳,一端系在安全的地方,要求握住另一端绕肩画大圆弧摇绳。开始时用右手,然后用左手。按顺时针、逆时针方向连续摇绳时,不用的那只手不能有多余的动作。要求伸出手臂摇绳,不运动的手里可拿一个短棒或圆环,使手臂下垂,不至于出现多余的动作。

第八关　对号入座(5分钟)

将所给汉字做成卡片,按下列顺序排列。让孩子观看八秒钟,打乱后重新按这一顺序排列,速度越快越好。

第一组:作　灯　走　车　它
第二组:打　花　红　雪　瓜
第三组:地　外　土　亮　美

第九关　克隆(5分钟)

给孩子二十秒的时间看顶行的数字下面所代表的符号并记住。然后盖住顶行的数字和符号,并把下面的数字标上所代表的符号。

1	2	3	4	5
◇	□	△	☆	◎

1 2 3 4 5 2 1 5 4 3 1 3 2 4 5 2 3 1

2 4 3 5 2 1 5 4 3 1 5 2 3 2 1 4 5 2

3 2 4 5 1 5 2 3 1 4 1 2 3 2 5 4 3 2

5 4 2 3 4 1 2 3 1 5 4 2 3 5 1 2 5 4

1 2 5 4 2 3 2 4 3 2 5 3 1 2 4 5 1 3

第十关 模仿动物跳(5分钟)

猩猩走：身子下蹲，双膝稍稍弯曲，脚尖稍向内扣，两臂下垂手心向里虚握拳。走路时手臂前后摆动。幅度尽量大，模仿猩猩走路的样子。

小兔跳：身体下蹲微前倾，手背后，脚跟稍微抬起，用脚尖的力量向前跳跃，模仿小兔子的样子。

矮子竞走：身体下蹲，上身挺直，重心下降，双手伸直，保持此姿势进行跑步比赛。

活动二十

一、调整写作业习惯

家长对待孩子本身写作业习惯的调整要求：
* 写作业前先上厕所、喝水；
* 用最快的速度把要求写的作业拿出来并摆好位置；
* 开始写了之后就不能换其他的作业；
* 写的过程中不能与其他人说话，不能做小动作，不能被其他人干扰；
* 写完后要把文具整齐地收拾起来。

二、必做训练项目（50分钟）

第一关　目不转睛（5分钟）

让孩子盘腿坐在地上，把腰挺直，不靠任何东西，手分别放在膝盖上，和母亲面对面坐着，眼睛和母亲对视，记录一分钟孩子眨眼的次数，越少越好，然后闭眼休息一分钟，再对视一分钟，记录孩子眨眼的次数。

第二关　一模一样（5分钟）

把下面每个图形看四十秒后，凭记忆画出来（注意每个图形在点状图中横向和纵向的位置，看一个图形时要盖住其他的图形）。

第三关　香蕉菠萝打擂台（5分钟）

将菠萝表里的图形按照顺序画在香蕉表里，上下左右不能碰边，不能画错。

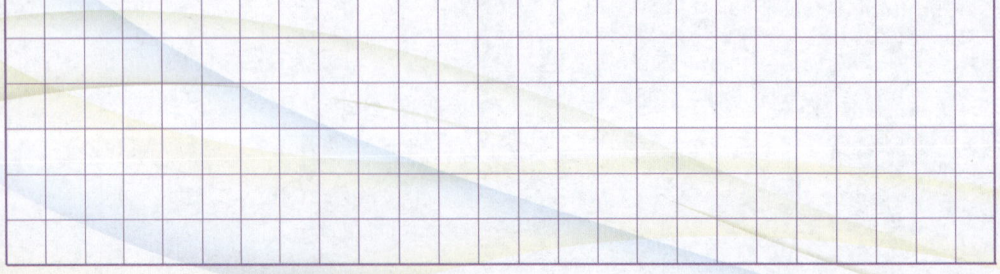

第四关　一分为二(5分钟)

在两条线中间画中线,然后再在三条线中间画中线,记录孩子所画中线的准确性和速度。

第五关　气功大王(5分钟)

把下面的每组字母一口气读出来,不要有停顿,并将读错的字母记录下来。

NBNNNNBNBNNBBBBNNBBBNNBBBBBBNNBBBNBNNNNNNN

记录：错_____个

AUUAUAAUUUUAAAUAUAUUUAAUUAAUUAAUUAAUUAUAU

记录：错_____个

XLXLLXXLXLLLLXXLLXLLXXXLXLXLXLLLXXLLXXLXLXXX

记录：错_____个

PDDDPPPDPPDDDPPPDPDDPPPDPDPPDPDPPDPPPDDDDPPD

记录：错_____个

MBBAMAMBABAMBAMBAMBAMBAMBAMBAMMABABA

记录：错_____个

ZLZLLLZZLLZZZZZLLLZLZLLZLLZZZLLZZLLLLZZLLZLZ

记录：错_____个

SDKKDKDKKSKKDSKKSDKSKDDKKDKSKDSSKKDDSKKSKKD

记录：错_____个

EWEWWWWEEWWWEWWEEEEEEEWWWEWWWEWWEEW

记录：错_____个

CYCTCYTYCYTCYYCCTTTCTYTCYTYCTCTYTTCCTCYTTCYTC

记录：错_____个

DDEDCCCCDEDEDDEDDDECDEDCECDCECDCEEDCECECDCED

记录：错_____个

UUEDUUUEDUEEUDUEUUDUDDUEDEUUDUDUUEUUUUEUDU

记录：错_____个

CPTPCTPPPTCTTCCTTPCTPCTPTCPTPTCPTPCPPPCPTPCPTPTPC

记录：错_____个

BWMWBWMBBMWWBBWWMBBMWBMWMBWBWMBBWMBW

记录：错_____个

CRTCRTRTTRCRCCCRRTTRCRTCCRRTRCTRCTTTRTRCTRTCTRT

记录：错_____个

DOSDOSDSOODSSOODOOOOSOSOOOSDODOSOODOOSDSOODS

记录：错_____个

GIFIIFGIIIFIIIFFGFIGGGGIGIGIGGGGIFIIFIGFFFGIGIIIFIGIGFIGIF

记录：错_____个

第六关　一笔一画(5分钟)

用最快的速度把下面的字按照正确的笔画顺序写出来。

例如：

| 王 | 一 | 二 | 干 | 王 |

样								
貌								
脚								
您								
懂								
旗								
瞪								

第七关　雨点节奏曲（5分钟）

家长先教孩子做下列动作，然后家长喊口令，孩子做出相应的动作。家长还可以把口令编成故事（比如：刚才阳光灿烂的天，忽然飘过一团乌云，天暗了下来，接着下起了小雨……）。

小雨——指尖轻敲击桌面　　　　中雨——两手轮拍大腿

大雨——大力鼓掌　　　　　　　暴雨——跺脚

第八关　对号入座（5分钟）

将所给汉字做成卡片，按下列顺序排列。让孩子观看八秒钟，打乱后重新按这一顺序排列，速度越快越好。

第一组：雨 击 球 舟 燕
第二组：国 川 禾 装 矿
第三组：动 雷 育 草 家

第九关　克隆(5分钟)

给孩子二十秒的时间看顶行的数字下面所代表的符号并记住。然后盖住顶行的数字和符号，并把下面的数字标上所代表的符号。

1	2	3	4	5
◇	⊙	□	△	☆

2　3　5　1　4　3　5　2　4　2　1　5　2　3　4　2　1　4　2　3

1　3　2　4　2　5　3　2　1　4　5　2.4　2　1　5　3　2

3　1　5　2　4　5　2　3　4　5　1　3　1　2　4　5　3　2

5　4　2　3　4　2　1　5　2　5　2　3　1　2　5　2　3　4

1　5　3　4　2　4　3　1　4　2　5　3　2　1　4　2　1　3

第十关　模仿动物跳(5分钟)

猩猩走：身子下蹲，双膝稍稍弯曲，脚尖稍向内扣，两臂下垂手心向里虚握拳。走路时手臂前后摆动，幅度尽量大，模仿猩猩走路的样子。

小兔跳：身体下蹲微前倾，手背后，脚跟稍微抬起，用脚尖的力量向前跳跃，模仿小兔子的样子。

矮子竞走：身体下蹲，上身挺直，重心下降，双手伸直，保持此姿势进行跑步比赛。

活动二十一

一、调整写作业习惯

家长对待孩子本身写作业习惯的调整要求：
* 写作业前先上厕所、喝水；
* 用最快的速度把要求写的作业拿出来并摆好位置；
* 开始写了之后就不能换其他的作业；
* 写的过程中不能与其他人说话，不能做小动作，不能被其他人干扰；
* 写完后要把文具整齐地收拾起来。

二、必做训练项目（50分钟）

第一关　目不转睛（5分钟）

让孩子盘腿坐在地上，把腰挺直，不靠任何东西，手分别放在膝盖上，和母亲面对面坐着，眼睛和母亲对视，记录一分钟孩子眨眼的次数，越少越好，然后闭眼休息一分钟，再对视一分钟，记录孩子眨眼的次数。

第二关 一模一样(5分钟)

把下面每个图形看四十秒后,凭记忆画出来。(注意每个图形在点状图中横向和纵向的位置,看一个图形时要盖住其他的图形)

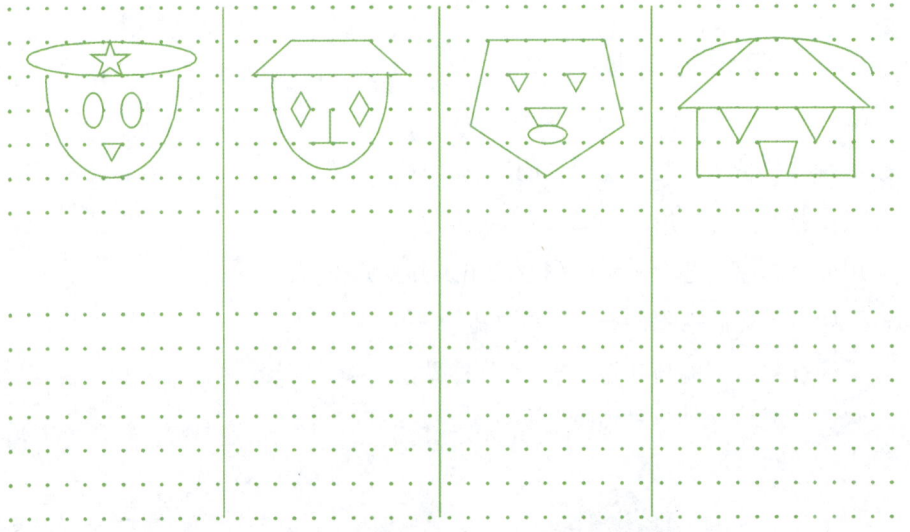

第三关 香蕉菠萝打擂台(5分钟)

将菠萝表里的图形按照顺序画在香蕉表里,上下左右不能碰边,不能画错。

菠萝表

香蕉表

第四关　一分为二(5分钟)

在两条线中间画中线,然后再在三条线中间画中线,记录孩子所画中线的准确性和速度。

第五关　气功大王(5分钟)

把下面的每组字母一口气读出来,不要有停顿,并将读错的字母记录下来。

GFDHGDHGFDHSGHGDHGSDGHFSHDGFHSDGHDGFHDGFHDGF

记录：错_____个

UEIWWOEIUWEURWOEIUWEURWEOUWEUWOEUWIEUOWEURI

记录：错_____个

NVJDSDJDINJCISDJNVDINJVCNVJDJCNVJDHCNJVHDJSJDHVNC

记录：错_____个

LUIKDFJIEKSDUFEKUASJDIEWKSUDEWKUFJISEUKSUEKSUEIE

记录：错_____个

WJICENSDFNKJKSJDAIWLKSDJOWKASJDIWALSKJDOWJKASJD

记录：错_____个

NVUDHVUDHUJSIDJIDJIEDHCHDICJUDJKDKJDFJKDJKSDLKJD

记录：错_____个

ZXJCJKSOAKZJXCLOASDJKZJXOCASKOZXCKJOASCLKJZXOC

记录：错_____个

SOSOSOKOSKDASKPOSKLSDOSDOSAKSOASODSKAOSOASJOS

记录：错_____个

XWNXMNCNMZXNCJSNKASCNZXNBMXNCMZCBXCZNBNXZN

记录：错_____个

WSDWSERWSEWSEWDSAFDRWSFDRWSFDRWDSRWSDRWSDW

记录：错_____个

KLBNLKNBKNLVBLBKNVLNKKKJBNKVJKJVKVNJKBJKVJKNB

记录：错_____个

AZGSXFSGTEBSGWGWSGAHSCXGHWGAHSGWHAWGAHSGDW

记录：错_____个

OPOPAPOSAPOWPCPXOPSADPWOPASPDOPWAPOSPDOAPOSDP

记录：错_____个

NKWOSKXNSOWSKOWKSOXKWOSKXKOWKSOXKWOSKXKKS

记录：错_____个

SWCNMBMSANCBASMCXNMCVBNMZNXBCMZBNBCZXBNCMZ

记录：错_____个

EDSHSKFDKKAXCNKSKHJDKALJSDLAJSDLJXJKALSJCKSALKS

记录：错_____个

第六关　一笔一画(5分钟)

用最快的速度把下面的字按照正确的笔画顺序写出来。

例如：

| 王 | 一 | 二 | 千 | 王 |

桥										
题										
勤										
棍										
葵										
游										
熟										
越										

第七关　单手摇绳(5分钟)

用一条三米长的跳绳,一端系在安全的地方,要求握住另一端绕肩画大圆弧摇绳。开始时用右手,然后用左手。按顺时针、逆时针方向连续摇绳时,不用的那只手没有多余的动作。要求伸出手臂摇绳,不运动的手里可拿一个短棒或圆环,使手臂下垂,不至于出现多余的动作。

第八关　对号入座(5分钟)

将所给汉字做成卡片,按下列顺序排列。让孩子观看八秒钟,打乱后重新按这一顺序排列,速度越快越好。

第一组：桌　乐　路　别　炼　飞
第二组：被　纸　白　烟　星　狼
第三组：春　鱼　城　粉　南　长

第九关　克隆(5分钟)

给孩子二十秒的时间看顶行的符号下面所代表的数字并记住。然后盖住顶行的符号和数字,并把下面的符号标上所代表的数字。

○　△　×　／　□　◇
1　2　3　4　5　6

○△◇□×◇△□○／△○△□×◇○

□○×◇○△□◇○△×◇△□○

◇ □ △ ○ /△ ○ × □ ◇ △ × ◇ □ ○ △ □

× ○ ◇ □ △ ○ □ ◇ /△ ○ ◇ ○ /△ ○ × ◇

△ ○ ◇ /○ × △ ○ □ ○ /△ ◇ □ ○ × △ ○

第十关　模仿动物跳（5分钟）

猩猩走：身子下蹲，双膝稍稍弯曲，脚尖稍向内扣，两臂下垂手心向里虚握拳。走路时手臂前后摆动。幅度尽量大，模仿猩猩走路的样子。

小兔跳：身体下蹲微前倾，手背后，脚跟稍微抬起，用脚尖的力量向前跳跃，模仿小兔子的样子。

矮子竞走：身体下蹲，上身挺直，重心下降，双手伸直，保持此姿势进行跑步比赛。

活动二十二

一、调整写作业习惯

家长对待孩子本身写作业习惯的调整要求：

* 写作业前先上厕所、喝水；
* 用最快的速度把要求写的作业拿出来并摆好位置；
* 开始写了之后就不能换其他的作业；
* 写的过程中不能与其他人说话，不能做小动作，不能被其他人干扰；
* 写完后要把文具整齐地收拾起来。

二、必做训练项目（50分钟）

第一关　目不转睛（5分钟）

让孩子盘腿坐在地上，把腰挺直，不靠任何东西，手分别放在膝盖上，和母亲面对面坐着,眼睛和母亲对视,记录一分钟孩子眨眼的次数,越少越好,然后闭眼休息一分钟,再对视一分钟,记录孩子眨眼的次数。

第二关　一模一样(5分钟)

把下面每个图形看四十秒后,凭记忆画出来(注意每个图形在点状图中横向和纵向的位置,看一个图形时要盖住其他的图形)。

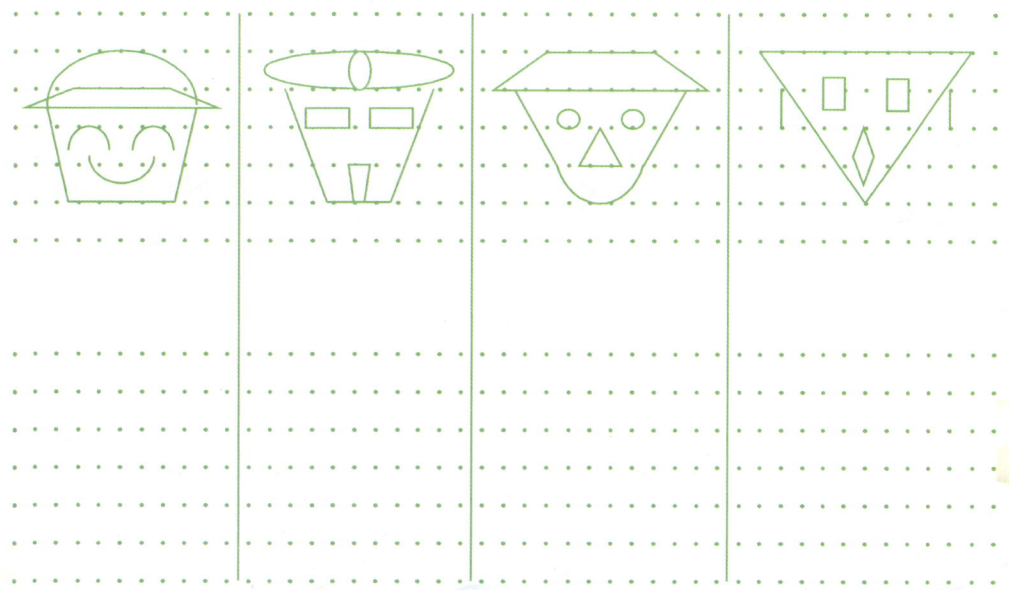

第三关 香蕉菠萝打擂台（5分钟）

将菠萝表里的图形按照顺序画在香蕉表里，上下左右不能碰边，不能画错。

菠萝表

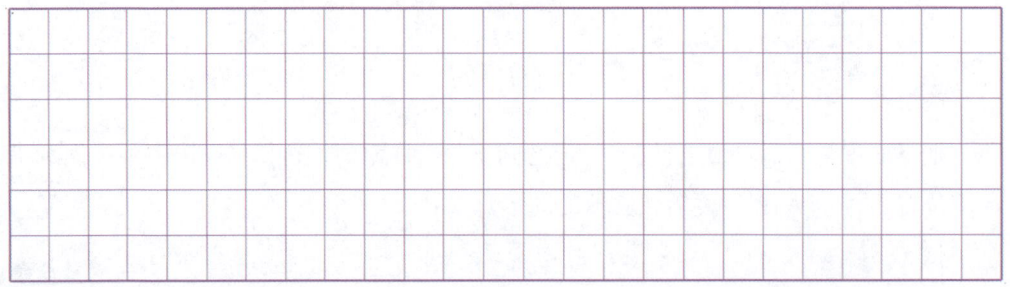

香蕉表

第四关 一分为二（5分钟）

在两条线中间画中线，然后再在三条线中间画中线，记录孩子所画中线的准确性和速度。

第五关　气功大王（5分钟）

把下面的每组字母一口气读出来，不要有停顿，并将读错的字母记录下来。

SDGHFSHHGDHGFDHSGHGDHGDHDDGFHSGFDGFHDGFHDGF

记录：错_____个

WOEIUWEUUWOUEIWWOEIUWEUREUWIRWEOUWEEUOWEURI

记录：错_____个

INJVCNVJDJCNINJCISDJNVDJDHCNJVVNVJDSDJDHDJSJDHVNC

记录：错_____个

UASJDIEWUIKDFJIEKSDUFEKUFJISEUKSUDEWKLKSUEKSUEIE

记录：错_____个

KSDJOWWJICENSJDAIWLKASJDIWALSKJDODFNKJKSWJKASJD

记录：错_____个

DHCHDICJUDHVUDHUJSIDJIDJIEFJKJKDKJDNVUDDJKSDLKJD

记录：错_____个

ZSDJKZJXOCSOAKZJXCLOAXCKJOASASKOZXJCJKCLKJZXOC

记录：错_____个

POSKLSDOSSKDASKSOASODSKAODOSAKSOSOSOKOSOASJOS

记录：错_____个

NKASCNZXNBXMNCNMZXNCJSMZCBXCZMXNCXWNNBNXZN

记录：错_____个

WDSWWSDWSERWSEWSESFDRWDSRAFDRWSFDRWSDRWSDW

记录：错_____个

KKKJBNKVJKNLVBLBKNVLNJVKVNJKKKLBNLKNBBJKVJKNB

记录：错_____个

AHSCXGAAZGSXFSGTEBSGWGWSGHSGWHAWHWGGAHSGDW

记录：错_____个

PXOPSADAPOSAPOWPCOPWAPOSPDOPWOPASPDOPOPAPOSDP

记录：错_____个

OXKWKWOSKXNSOWSKOWKSOWKSOXOSKXNKWOSKXKKS

记录：错_____个

MCVBNMNCBASMCXNCMZBNBCZXBZNXBSWCNMBMSANCMZ

记录：错_____个

AJSDLJXJKEDSHSKFDKKAXCNKSKHJDKALJSDLALSJCKSALKS

记录：错_____个

第六关　一笔一画（5分钟）

用最快的速度把下面的字按照正确的笔画顺序写出来。

例如：

| 王 | 一 | 二 | 干 | 王 |

语									
浇									
意									
晨									
操									
擦									
飘									
燕									

第七关　雨点节奏曲（5分钟）

家长先教孩子做下列动作，然后家长喊口令，孩子做出相应的动作。家长还可以把口令编成故事(比如：刚才阳光灿烂的天，忽然飘过一团乌云，天暗了下来，接着下起了小雨……)。

小雨——指尖轻敲击桌面　　　　中雨——两手轮拍大腿
大雨——大力鼓掌　　　　　　　暴雨——跺脚

第八关　对号入座（5分钟）

将所给汉字做成卡片，按下列顺序排列。让孩子观看八秒钟，打乱后重新按这一顺序排列，速度越快越好。

第一组：海 色 蓝 园 字 师
第二组：鸡 脑 帽 枪 船 熊
第三组：吹 棍 云 树 护 登

第九关　克隆（5 分钟）

给孩子二十秒的时间看顶行的符号下面所代表的数字并记住。然后盖住顶行的符号和数字，并把下面的符号标上所代表的数字。

　　　　　△　○　□　⊙　◇　☆
　　　　　1　2　3　4　5　6

第十关　模仿动物跳（5 分钟）

猩猩走：身子下蹲，双膝稍稍弯曲，脚尖稍向内扣，两臂下垂手心向里虚握拳。走路时手臂前后摆动，幅度尽量大，模仿猩猩走路的样子。

小兔跳：身体下蹲微前倾，手背后，脚跟稍微抬起，用脚尖的力量向前跳跃，模仿小兔子的样子。

矮子竞走：身体下蹲，上身挺直，重心下降，双手伸直，保持此姿势进行跑步比赛。

活动二十三

一、调整写作业习惯

家长对待孩子本身写作业习惯的调整要求：
* 写作业前先上厕所、喝水；
* 用最快的速度把要求写的作业拿出来并摆好位置；
* 开始写了之后就不能换其他的作业；
* 写的过程中不能与其他人说话，不能做小动作，不能被其他人干扰；
* 写完后要把文具整齐地收拾起来。

二、必做训练项目（50分钟）

第一关　目不转睛（5分钟）

让孩子盘腿坐在地上，把腰挺直，不靠任何东西，手分别放在膝盖上，和母亲面对面坐着，眼睛和母亲对视，记录一分钟孩子眨眼的次数，越少越好，然后闭眼休息一分钟，再对视一分钟，记录孩子眨眼的次数。

第二关 一模一样(5分钟)

把下面每个图形看四十秒后,凭记忆画出来。(注意每个图形在点状图中横向和纵向的位置,看一个图形时要盖住其他的图形)

第三关 香蕉菠萝打擂台(5分钟)

将菠萝表里的图形按照顺序画在香蕉表里,上下左右不能碰边,不能画错。

菠萝表

…	》	◇	国	○	∠	2	□	▽	⊙	/	◇	△	◎	∠	H	#	D	9	\	§	▽	◇	开	○
望	&	⊙	△	◎	▽	¥	◇	⊙	○	○	□	◇	∠	‰	※	拿	#	V	&	◇	∠	¥	~	
§	□	☆	4	←	&	.	R	#	半	\	○	◎	9	W	▽	○	÷	求	+	G	⊙	&	∠	@
☆	X	○	@	⊙	!	‰	#	△	#	?	▽	◇	本	叫	‰	▽	@	□	kg	○	=	拉	$	P
R	?	#	※	~	×	○	△	床	J	◇	▽	○	◎	$	§	江	‰	¥	K	m²	kg	△	mm	No	☆
◇	△	◎	▽	/	∠	想	▽	□	⊙	◎	N	且	?	G	▽	风	…	◇	$	⊙	☆	○	×	W

香蕉表

第四关　一分为二（5分钟）

在两条线中间画中线，然后再在三条线中间画中线，记录孩子所画中线的准确性和速度。

第五关　气功大王（5分钟）

把下面的每组字母一口气读出来，不要有停顿，并将读错的字母记录下来。

YDHYEHDGYFEHSGYDFHGYEHSGFYESHDGFYESGHGFYEEYSGDY

记录：错_____个

NCXMZAOSDJAOSKDJALOWSKJDLAOWKLSAJDOWALKSJDOSAKD

记录：错_____个

WAJHFDSJHFSJDFHOADJSHFDUIEDSHCBZXCJHSAIUDHKASJHDUF

记录：错_____个

CBXNYEHSADGUYASKJDHUWASGHDUYWAGJSHGDHSGABZBCHJ

记录：错_____个

XCCBBZNDGWJSNDHWASBDWASDGVWGASGDHSTDAHSFDHGDS

记录：错_____个

NEHDGYSAHDAGSDHASDHGYSAGSFDYTBHCVHSGAFREYSTDWS

记录：错_____个

GYEGYSDGYWGADGUYSADJHGCYUWEJHASGCXZUYCGUWASHW

记录：错_____个

MNCEYSDJGFUYASJDHGWGFDSAHXNCUADIAJKASDHGWIUYASH

记录：错_____个

OEIWPAODWIDHWIUASDBGUWHAKJDOOWAIUADHWUASHDYWG

记录：错_____个

WAGDSHGDWUHNSDGUWGBZXBNCJAHSDUSHDAUSHDUGXNCZB

记录：错_____个

ZHJSDAUWJKDFSDANXAKJSHGDYUIFALKSJDOQHSAJDHWUHWAS

记录：错_____个

CWASDUJDSHUIASDHWGDJAHDSWHASGDYWAHSDGAJSNCBJHAS

记录：错_____个

TUDJSDHFUSDJKFHUEKJSADHDFUASJKDHANZXBCAHGDWYAHSD

记录：错_____个

EWFDOXKWKWOSKXNSOWSKOWKSOWKSOXOSKXKNKWOSKXKS

记录：错_____个

RFFMCVBNMNCBASMCXNCMZBNBCZXBZNXBSWCNMBMSANCMZ

记录：错_____个

WGDFGSDLJXJKEDSHSKFDKKAXCNKSKHJDKALSDLALSJCKSALKS

记录：错_____个

第六关 一笔一画(5分钟)

用最快的速度把下面的字按照正确的笔画顺序写出来。

例如：

| 王 | 一 | 二 | 干 | 王 |

秋											
眠											
童											
犁											
蔬											
哪											
猴											
摘											
葱											
斑											

第七关 单手摇绳(5分钟)

用一条三米长的跳绳,一端系在安全的地方,要求握住另一端绕肩画大圆弧摇绳。开始时用右手,然后用左手。按顺时针、逆时针方向连续摇绳时,不用的那只手没有多

余的动作。要求伸出手臂摇绳,不运动的手里可拿一个短棒或圆环,使手臂下垂,不至于出现多余的动作。

第八关 对号入座(5分钟)

将所给汉字做成卡片,按下列顺序排列。让孩子观看八秒钟,打乱后重新按这一顺序排列,速度越快越好。

第一组:纸 醒 冒 外 嫩 块

第二组:银 伞 落 份 章 钟

第三组:珍 彩 丽 街 鲜 晶

第九关 克隆(5分钟)

给孩子二十秒的时间看顶行的数字下面所代表的符号并记住。然后盖住顶行的数字和符号,并把下面的数字标上所代表的符号。

1	2	3	4	5	6
◇	□	△	☆	◎	▽

1 2 3 4 5 6 1 5 4 3 2 6 3 4 5 2 1

2 4 3 5 6 1 5 4 3 1 6 2 3 2 6 4 5 2

6 2 4 5 1 2 3 6 4 1 2 5 3 5 2 6 4 3 2

5 4 2 3 6 1 2 3 4 2 5 6 1 2 5 1 3 6 4

1 2 5 4 2 3 6 3 2 5 4 3 1 2 1 6 5 1 3

第十关 模仿动物跳(5分钟)

猩猩走:身子下蹲,双膝稍稍弯曲,脚尖稍向内扣,两臂下垂手心向里虚握拳。走路时手臂前后摆动。幅度尽量大,模仿猩猩走路的样子。

小兔跳:身体下蹲微前倾,手背后,脚跟稍微抬起,用脚尖的力量向前跳跃,模仿小兔子的样子。

矮子竞走：身体下蹲，上身挺直，重心下降，双手伸直，保持此姿势进行跑步比赛。

活动二十四

一、调整写作业习惯

家长对待孩子本身写作业习惯的调整要求：
* 写作业前先上厕所、喝水；
* 用最快的速度把要求写的作业拿出来并摆好位置；
* 开始写了之后就不能换其他的作业；
* 写的过程中不能与其他人说话，不能做小动作，不能被其他人干扰；
* 写完后要把文具整齐地收拾起来。

二、必做训练项目（50分钟）

第一关　目不转睛（5分钟）

让孩子盘腿坐在地上，把腰挺直，不靠任何东西，手分别放在膝盖上，和母亲面对面坐着，眼睛和母亲对视，记录一分钟孩子眨眼的次数，越少越好，然后闭眼休息一分钟，再对视一分钟，记录孩子眨眼的次数。

第二关　一模一样（5分钟）

把下面每个图形看四十秒后，凭记忆画出来。（注意每个图形在点状图中横向和纵向的位置，看一个图形时要盖住其他的图形）

第三关 香蕉菠萝打擂台（5分钟）

将菠萝表里的图形按照顺序画在香蕉表里，上下左右不能碰边，不能画错。

菠萝表

@	爸	◇	△	○	D	♯	m²	▽	∠	=	&	※	◇	⊙	节	○	∠	H	☆	5	?	拍	→	久
M	?	¥	◇	×	↑	勺	步	=	♯	X	N	Y	很	‰	¥	4	÷	K	§	…	尚	@	▽	…
♯	÷	~	※	争	◎	§	No	☆	□	○	△	8	N	?	‰	*	¥	No	T	−	6	↑	\	》
○	↓	N	Q	!	☆	W	‰	△	3	梦	%	⊙	○	▽	←	$	"	△	班	△	下	▽	嫩	F
3	(	*	‰	♯	E	※	□	◎	♯	×	K	‰	§	2	$	+	U	※	~	○	8	☆	↓	@
@	⊙	!	洞	☆	X	○	‰	▽	@	□	E	9	△	♯	=	拉	$	P	?	▽	◇	沙	kg	○

香蕉表

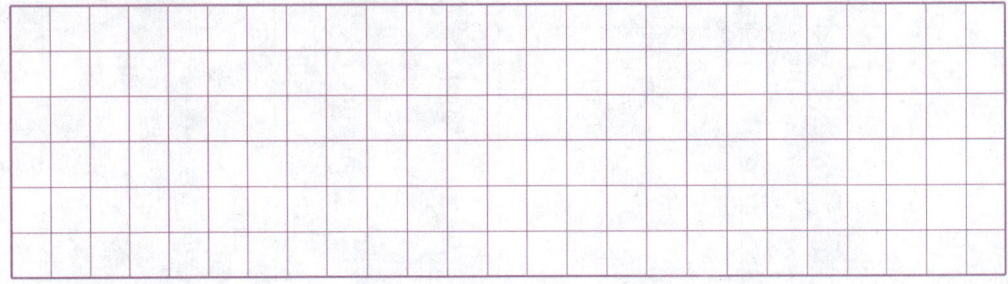

第四关 一分为二(5分钟)

在两条线中间画中线,然后再在三条线中间画中线,记录孩子所画中线的准确性和速度。

第五关　气功大王（5分钟）

把下面的每组字母一口气读出来，不要有停顿，并将读错的字母记录下来。

YESHDGFYDFEHSGYDFHGYEHSGFHYEHDGYYESGHGFYEEYSGDY

记录：错_____个

JDLAOWKLSOSDJAOSKDJALOWAJDOWNCXMZASKALKSJDOSAKD

记录：错_____个

EDSHCBZXCJHFSJDFHOADJSHFDUIISAWAJHFDSJHUDHKASJHDUF

记录：错_____个

ASGHDUYWAGJSDGUYASKJDHUWGDHSHCBXNYEHSAGABZBCHJ

记录：错_____个

SDGVWGASGXCHWASBDWADHSTDAHSFCBBZNDGWJSNDDHGDS

记录：错_____个

AGSFDYTBHCHDAGSDHASDHGYSHSGAFVNEHDGYSAREYSTDWS

记录：错_____个

EJHASGCXZUGYEGYADGUYSADJHGCYUWYSDGYWGCGUWASHW

记录：错_____个

NCUADIAJKAGFUYASJDHGWGFDSAHXSMNCEYSDJDHGWIUYASH

记录：错_____个

ASDBGUWHAKJDOOWPAODWIDHWIUIUADHWUWAOEIASHDYWG

记录：错_____个

WGBZXBNCJAHSDWAGNSDGUUSHDAUSHDUGXDSHGDWUHNCZB

记录：错_____个

SHGDYUIFALKJKDFSDANXAKJQHSAJDHWSJDOZHJSDAUWUHWAS

记录：错_____个

HWGDJAHDSWHYWCWASDUJDSHUIASDAHSDGAASGDJSNCBJHAS

记录：错_____个

DHDFUASJKDDHFUSDJKFHUEKJSAZXBCAHANTUDJSHGDWYAHSD

记录：错_____个

OSKXNSOWSEWFDOXKWKWWKSOXKOWKSOOSKXNKWOSKXKS

记录：错_____个

NCMZBNBCVBNMNCBASMCXWCNMBMZXBZNXBSRFFMCSANCMZ

记录：错_____个

KFDKKAXCNKSKHJDWGDFGSDLJXJKEDSHSKALSDLALSJCKSALKS

记录：错_____个

第六关　一笔一画(5分钟)

用最快的速度把下面的字按照正确的笔画顺序写出来。

例如：

| 王 | 一 | 二 | 千 | 王 |

描										
逃										
物										
热										
鹅										
蓝										
溪										
鹰										
狮										
锻										

第七关　雨点节奏曲(5分钟)

家长先教孩子做下列动作，然后家长喊口令，孩子做出相应的动作。家长还可以把口令编成故事(比如：刚才阳光灿烂的天，忽然飘过一团乌云，天暗了下来，接着下起了小雨……)。

小雨——指尖轻敲击桌面　　　中雨——两手轮拍大腿

大雨——大力鼓掌　　　　　　暴雨——跺脚

第八关　对号入座(5分钟)

将所给汉字做成卡片,按下列顺序排列。让孩子观看八秒钟,打乱后重新按这一顺序排列,速度越快越好。

第一组:梅　寒　棉　暖　响　群
第二组:静　池　满　福　宵　镜
第三组:绿　尝　男　献　特　泊

第九关　克隆(5分钟)

给孩子二十秒的时间看顶行的数字下面所代表的符号并记住。然后盖住顶行的数字和符号,并把下面的数字标上所代表的符号。

1	2	3	4	5	6
◇	□	⊙	☆	△	◎

2 3 5 1 4 6 3 5 2 4 1 5 2 3 6 5 2 3

1 3 2 4 6 5 3 2 1 6 5 4 2 3 1 5 3 2

3 1 5 2 4 6 2 3 6 5 3 1 2 4 6 5 3 2

5 4 2 3 6 2 4 5 3 1 2 5 2 3 6

1 5 3 6 2 4 3 1 5 2 6 3 2 1 6 2 4 3

第十关　模仿动物跳(5分钟)

猩猩走:身子下蹲,双膝稍稍弯曲,脚尖稍向内扣,两臂下垂手心向里虚握拳。走路时手臂前后摆动,幅度尽量大,模仿猩猩走路的样子。

小兔跳:身体下蹲微前倾,手背后,脚跟稍微抬起,用脚尖的力量向前跳跃,模仿小兔子的样子。

矮子竞走:身体下蹲,上身挺直,重心下降,双手伸直,保持此姿势进行跑步比赛。

活动二十五

第一关 写数字(3分钟)

用最快的速度写出 1~100 的数字,一口气往下写,中间要求不出错(可以给孩子制造一些干扰,比如敲桌子、敲门、翻报纸等等),看看孩子抗干扰的能力。中间不出错就过关。

_____
_____
_____
_____
_____

第二关 一模一样(5分钟)

把下面每个图形看一分钟后,凭记忆画出来。(注意每个图形在点状图中横向和纵向的位置,看一个图形时要盖住其他的图形)

第三关 吊数字(5分钟)

把数字 6980 顶着最上面的边吊在每格的线上。见示范：

6980	6980
6980	6980

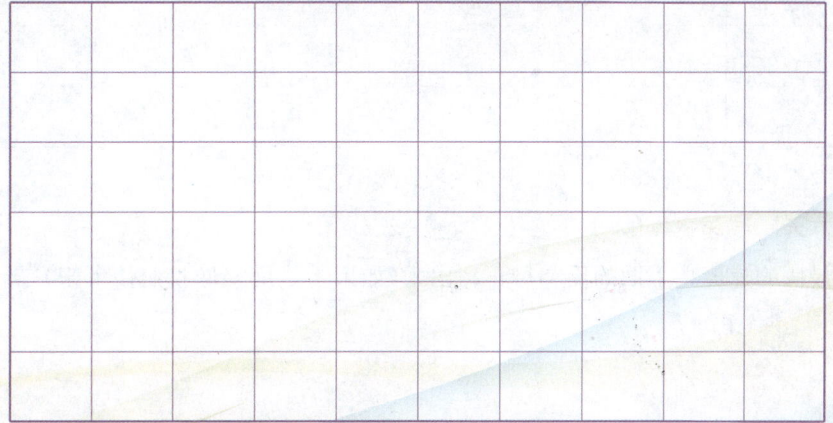

第四关　数字大串烧（3分钟）

用最快的速度把下面的数字按照顺序抄写在方框里，要求不能碰边，字迹工整。
4586542687954632158746859654236512548657532124 5268
7942564321458965423654246859756324513236542 4684687

第五关　一笔一画（5分钟）

用最快的速度把下面的字按照正确的笔画顺序写出来。

例如：

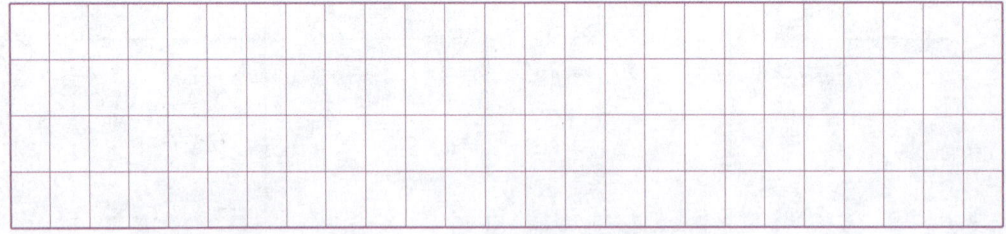

溪													
燕													
蜜													
梨													
篮													
落													

第六关　写反字母（5分钟）

用最快的速度把下面的反字母正写出来（如果不是反字母就照抄下来），要求不能涂改。

记录：错 _____ 个

第七关　对对碰(5分钟)

按顺序将下面1～16的数字数完，并记下每次用的时间，要求在数的时候一边口头报数，一边用手指点数到的数字，注意在数数字时不可以用手或笔比着一行一行地找。

2	10	14	7
15	4	13	9
16	1	6	12
5	11	8	3

4	13	6	16
7	11	2	12
5	10	8	15
1	14	3	9

8	4	13	16
12	5	3	10
2	9	11	7
15	1	14	6

9	6	1	14
3	5	16	12
10	2	13	8
7	15	11	4

第八关　对号入座(5分钟)

将所给词语做成卡片，按下列顺序排列。让孩子观看五秒钟，打乱后重新按这一顺序排列，速度越快越好。

第一组：山门　火车　手表　烈日　冬衣　奔跑
第二组：蓝天　大树　小桥　碧绿　湖水　鲤鱼
第三组：森林　飞鸟　大象　夜空　枝条　狂风

第九关 拼七巧板(5分钟)

见教具(家长自备)

第十关 夹豆(5分钟)

准备两个盘子,一个放满各种形状、大小各异的豆子,另一个空着。豆子一开始可以先是花生米、黄豆、赤豆、绿豆,逐渐增加难度。让孩子正确地使用筷子,将豆子一一夹到空着的盘子里去。豆子的数量可随着孩子的熟练程度的不断提高而增加。

准备材料:盘子、豆子、筷子。

第十一关 看一看,画一画(6分钟)

竞 争

以前一家森林公园里曾养殖很多只梅花鹿。那里环境幽静,水草丰美,又没有天敌。而几年以后,鹿群非但没有发展,反而病的病,死的死,梅花鹿的数量竟然出现了负增长。后来公园的管理人员买回几只狼放置在公园里,在狼的追赶捕食下,鹿群只得紧张地奔跑以逃命。这样一来,除了那些老弱病残者被狼捕食外,其他的鹿体质日益增强,数量也迅速地增长。

活动二十六

第一关　写数字（3分钟）

用最快的速度写出 1~100 的数字，一口气往下写，中间要求不出错（可以给孩子制造一些干扰，比如敲桌子、敲门、翻报纸等等），看看孩子抗干扰的能力。中间不出错就过关。

_____

_____

_____

_____

_____

第二关　一模一样（5分钟）

把下面每个图形看一分钟后，凭记忆画出来。（注意每个图形在点状图中横向和纵向的位置，看一个图形时要盖住其他的图形）

第三关 坐数字(5分钟)

把数字 6980 坐在每格最下面的线上。见示范：

6980	6980
6980	6980

第四关 字母大串烧(3分钟)

用最快的速度把下面的字母按照顺序抄写在方框里，要求不能碰边，字迹工整。

ascdefghejklm ncjhsjueoeidyudjshaalxoam xnskdyehdkf takjdhskdhshdjdskahdsbjdhdjnakiqoapaoidkalaoewijdja

第五关　一笔一画(5分钟)

用最快的速度把下面的字按照正确的笔画顺序写出来。

游
蜡
稼
跳
载
黑

第六关　写反字母(5分钟)

用最快的速度把下面的反字母正写出来(如果不是反字母就照抄下来)，要求不能涂改。

S	Z	G	N	E	B	P	K	R	I	K	E	R	K	I	O	F	Q	F	B	C	E	K
F	B	R	N	I	L	O	C	K	R	Z	G	P	B	P	E	B	E	D	I	S	F	N
R	N	E	D	L	K	R	E	G	N	S	D	F	G	L	E	R	K	L	S	N	B	R
E	Z	O	C	B	Z	D	R	K	L	B	E	F	G	I	N	D	P	I	E

记录：错_____个

第七关　对对碰(5分钟)

按顺序将下面1~16的数字数完，并记下每次用的时间，要求在数的时候一边口头报数,一边用手指点数到的数字,注意在数数字时不可以用手或笔比着一行一行地找。

3	8	12	5
14	1	16	10
4	9	13	6
7	15	2	11

9	1	12	5
7	15	2	11
13	4	16	8
6	10	3	14

7	13	1	5
3	10	15	8
14	2	16	12
6	11	9	4

13	3	7	10
2	16	12	4
11	6	15	9
14	1	8	5

第八关　对号入座(5分钟)

将所给词语做成卡片,按下列顺序排列。让孩子观看八秒钟,打乱后重新按这一顺序排列,速度越快越好。

第一组:作业　台灯　行走　马车　石头

第二组:游泳　野花　红日　雪地　西瓜

第三组:地球　外语　土壤　善良　成长

第九关　拼七巧板(5分钟)

见教具(家长自备)

第十关　缝图形(5分钟)

准备一些不同形状的图形,让孩子按照图形的轮廓用针线把图形缝起来,图形开始可以简单一些,如线段、十字形,然后逐渐增加图形的复杂性,如长方形、梯形、三角形、圆形等。

准备材料:各种图形、针、线。

第十一关　看一看,画一画(6分钟)

鳄鱼和鹿

一只小鹿被困在水中央,一群鳄鱼游过来要吃掉它。这时,小鹿想起了妈妈说的话,"遇到困难时不要慌张,要动脑筋。"小鹿连忙对一只大鳄鱼说:"我的肉是一种珍贵的药材,但是吃多了会中毒而死的。像我这么大的鹿,要十几只鳄鱼分着吃才不会因为中毒而死。反正对我来说都是死,无所谓。"大鳄鱼看小鹿老实诚恳的样子,心里拿不定主意。于是鳄鱼们围在一起商量了一阵子,最后还是派人去找来几只同伴。这

时，小鹿又说:"你们从河岸那边排成一个长队,让我来数一数够不够十只。"鳄鱼们听话地沿岸边排成一条长队,小鹿跳上鳄鱼的背,一边数,一边飞快地跃上河岸逃走了。

能自己看完就是好样的!

活动二十七

第一关　写数字（3分钟）

用最快的速度写出 1~120 的数字，一口气往下写，中间要求不出错（可以给孩子制造一些干扰，比如敲桌子、敲门、翻报纸等等），看看孩子抗干扰的能力。中间不出错就过关。

第二关　一模一样（5分钟）

把下面每个图形看一分钟后，凭记忆画出来（注意每个图形在点状图中横向和纵向的位置，看一个图形时要盖住其他的图形）。

第三关　穿数字（5 分钟）

把数字 6980 穿过线的中间。见示范：

6980	6980

第四关　数字大串烧（3 分钟）

用最快的速度把下面的数字按照顺序抄写在方框里，要求不能碰边，字迹工整。

2354685468796455123654846985132423012642443657898 5
41203158790124620145879875468541236468546985432102

第五关　一笔一画(5分钟)

用最快的速度把下面的字按照正确的笔画顺序写出来。

舞											
数											
奔											
聪											
辉											
煌											
寒											
提											

第六关　写反字母(5分钟)

用最快的速度把下面的反字母正写出来(如果不是反字母就照抄下来)，要求不能涂改。

记录：错_____个

第七关　对对碰(5分钟)

按顺序将下面 1~16 的数字数完,并记下每次用的时间,要求在数的时候一边口头报数,一边用手指点数到的数字,注意在数数字时不可以用手或笔比着一行一行地找。

8	14	5	11
2	13	10	6
7	15	1	16
4	9	12	3

10	2	13	5
1	16	8	12
15	14	3	6
7	4	11	9

3	9	11	5
13	2	14	8
6	15	12	1
10	4	16	7

7	12	3	10
5	1	14	8
13	16	4	15
2	6	11	9

第八关　对号入座(5分钟)

将所给词语做成卡片,按下列顺序排列。让孩子观看八秒钟,打乱后重新按这一顺序排列,速度越快越好。

第一组：书桌　音乐　道路　差别　锻炼

第二组：棉被　白纸　欢乐　烟花　飞翔

第三组：渔民　城市　面粉　南极　毛巾

第九关　拼七巧板(5分钟)

见教具(家长自备)

第十关　夹豆(5分钟)

准备两个盘子,一个放满各种形状、大小各异的豆子,另一个空着。豆子一开始可以先是花生米、黄豆、赤豆、绿豆,逐渐增加难度。让孩子正确地使用筷子,将豆子一一夹到空着的盘子里去。豆子的数量可随着孩子的熟练程度的不断提高而增加。

准备材料：盘子、豆子、筷子。

第十一关　看一看，画一画（6分钟）

合　作

有一个人做了一个梦，梦中他来到一间二层楼的屋子。进到第一层楼时，发现一张长长的大桌子，桌旁都坐着人，而桌子上摆满了丰盛的佳肴，可是没有一个人能吃得到，因为大家的手臂受到魔法师诅咒，全都变成直的，手肘不能弯曲，而桌上的美食，夹不到口中，所以个个愁苦满面。但是他听到楼上却充满了欢愉的笑声，他好奇地上楼一看，同样的也有一群人，手肘也是不能弯曲，但是大家却吃得兴高采烈。原来每个人的手臂虽然不能弯曲，但是因为对面的人彼此协助，互相帮助夹菜喂食，结果大家吃得很尽兴。

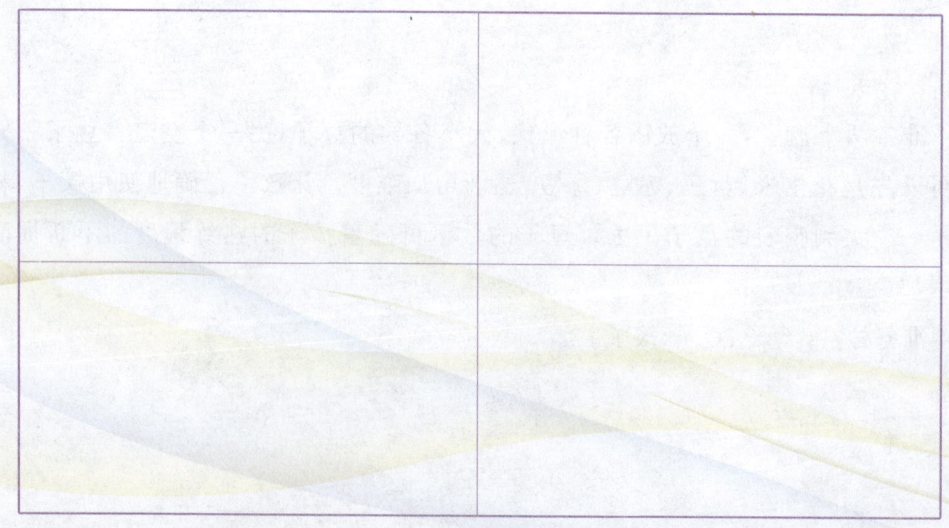

活动二十八

第一关　写数字(3分钟)

用最快的速度写出 1~120 的数字，一口气往下写，中间要求不出错（可以给孩子制造一些干扰，比如敲桌子、敲门、翻报纸等等），看看孩子抗干扰的能力。中间不出错就过关。

_____
_____
_____
_____
_____
_____

第二关　一模一样(5分钟)

把下面每个图形看一分钟后，凭记忆画出来。（注意每个图形在点状图中横向和纵向的位置，看一个图形时要盖住其他的图形）

第三关　吊数字(5分钟)

把数字 6980 顶着最上面的边吊在每格的线上。见示范：

6980	6980
6980	6980

第四关　字母大串烧(3分钟)

用最快的速度把下面的字母按照顺序抄写在方框里，要求不能碰边，字迹工整。

h a o c m x o a s l p e u r i d j k s d l d k f h g y i w p s d s c b n c x d s o d s j d s x n a g
x l s o d u r y d h s n x m a j s h d p o d f u q a j s d j k s p z x l x j s y d h r g d f h v n c

第五关　一笔一画(5 分钟)

用最快的速度把下面的字按照正确的笔画顺序写出来。

喜									
翻									
嫩									
热									
特									
敢									
答									
睡									

第六关 写反字母(5分钟)

用最快的速度把下面的反字母正写出来(如果不是反字母就照抄下来),要求不能涂改。

y	b	k	g	c	f	d	s	p	y	r	e	q	z	h	l	b	p	q	c	e	f	t	g
f	q	d	k	r	e	s	b	y	t	g	r	e	s	d	f	t	g	b	k	h	b	c	z
g	b	h	q	d	z	r	h	e	t	c	b	s	f	g	d	e	s	r	y	t	e	p	q
z	t	r	e	z	y	p	e	b	f	r	e	b	d	c	z	s	r	e	p	b	t	g	f

记录:错_____个

第七关 对对碰(5分钟)

按顺序将下面1~20的数字数完,并记下每次用的时间,要求在数的时候一边口头报数,一边用手指点数到的数字,注意在数数字时不可以用手或笔比着一行一行地找。

11	2	15	6
19	4	5	12
8	13	16	3
10	20	17	9
1	18	14	7

19	14	3	12
5	11	20	17
2	13	6	18
7	9	16	18
4	10	15	8

7	13	12	9
16	2	5	18
11	17	8	14
20	3	19	4
6	15	1	10

4	16	1	9
11	7	13	19
5	20	2	6
14	17	8	15
12	3	10	18

第八关　对号入座(5分钟)

将所给词语做成卡片,按下列顺序排列。让孩子观看八秒钟,打乱后重新按这一顺序排列,速度越快越好。

第一组:海岛　紫色　花园　字典　老师
第二组:野鸡　猎狗　火枪　飞船　熊猫
第三组:木棍　彩云　旅行　保护　攀登

第九关　拼七巧板(5分钟)

见教具(家长自备)

第十关　缝图形(5分钟)

准备一些不同形状的图形,让孩子按照图形的轮廓用针线把图形缝起来,图形开始可以简单一些,如线段、十字形,然后逐渐增加图形的复杂性,如长方形、梯形、三角形、圆形等。

准备材料:各种图形、针、线。

第十一关　看一看,画一画(6分钟)

乌　鸦

森林里住着一只乌鸦,它在高高的树上筑了一个巢,孵着三只小乌鸦。一只狐狸听到小乌鸦的叫声,找到大树下。它想到了一个吃小乌鸦的办法。第二天一早,狐狸就戴上破帽子,装成看林人的样子来到大树下,开始锯树。锯树的声音惊动了老乌鸦,它问道:"是谁啊,在干什么呢?"狐狸回答:"我是看林人,在锯我的树。"乌鸦央求狐狸说:"你别锯了吧,我的孩子们在上面呢!"狐狸不听继续锯树。老乌鸦正不知道该怎么办的时候,邻居喜鹊飞来了。狐狸一看,害怕喜鹊拆穿它的鬼把戏,悻悻地逃走了。

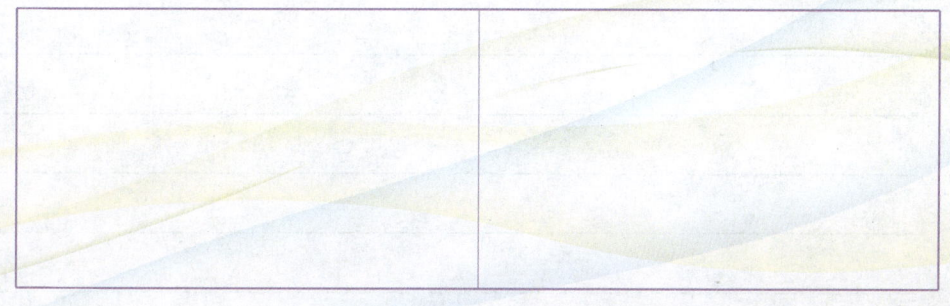

活动二十九

第一关　写数字（3分钟）

　　用最快的速度写出 100~1 的数字，一口气往下写，中间要求不出错（可以给孩子制造一些干扰，比如敲桌子、敲门、翻报纸等等），看看孩子抗干扰的能力。中间不出错就过关。

第二关 一模一样(5分钟)

把下面每个图形看一分钟后,凭记忆画出来(注意每个图形在点状图中横向和纵向的位置,看一个图形时要盖住其他的图形)。

第三关 坐数字(5分钟)

把数字6980坐在每格最下面的线上。见示范:

6980	6980
6980	6980

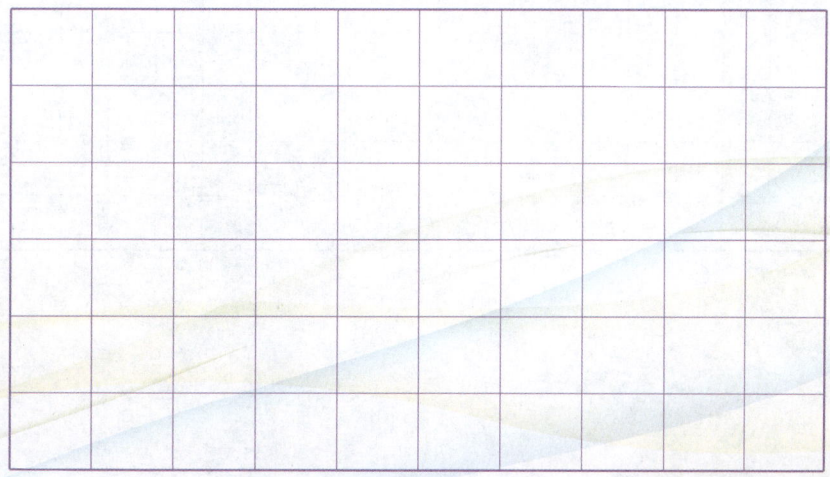

第四关　数字大串烧（3分钟）

用最快的速度把下面的数字按照顺序抄写在方框里，要求不能碰边，字迹工整。

5468657898541234568203158794123601246201458798754
6854685469854321042443563242548479645512368546123
5487965421354548469851324 28

第五关　一笔一画（5分钟）

用最快的速度把下面的字按照正确的笔画顺序写出来。

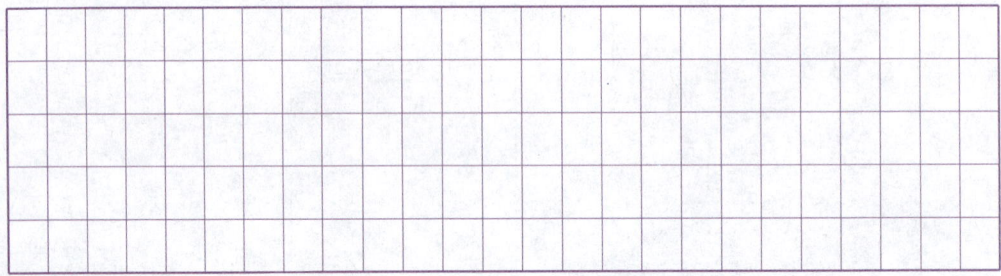

第六关 写反字母(5分钟)

用最快的速度把下面的反字母正写出来(如果不是反字母就照抄下来),要求不能涂改。

q	Z	C	p	r	y	e	t	s	f	b	k	d	g	f	d	e	t	b	e	S
f	t	r	p	S	c	d	r	y	t	h	b	f	g	k	r	Z	b	e	h	k
t	d	y	s	c	e	r	g	f	b	d	k	h	y	p	d	g	h	t	r	g
r	p	d	b	h	t	k	r	s	k	e	c	y	t	s	k	b	p	y	s	h

记录：错_____个

第七关 对对碰(5分钟)

按顺序将下面 1～20 的数字数完,并记下每次用的时间,要求在数的时候一边口头报数,一边用手指点数到的数字,注意在数数字时不可以用手或笔比着一行一行地找。

9	16	5	12
11	7	2	15
1	17	14	6
13	18	3	20
10	4	19	8

9	12	18	5
16	1	10	13
6	19	2	17
11	3	14	20
7	15	4	8

3	13	9	10
16	1	11	18
15	12	7	14
19	6	2	17
8	20	5	4

7	11	5	19
4	16	8	12
15	1	10	14
6	20	17	3
9	2	13	18

第八关　对号入座(5分钟)

将所给词语做成卡片,按下列顺序排列。让孩子观看十秒钟,打乱后重新按这一顺序排列,速度越快越好。

第一组：红灯　书包　赞美　仔细　动听　热爱

第二组：洗澡　赛跑　音乐　电话　图画　梦想

第三组：报纸　潮湿　光明　激动　妈妈　关心

第九关　拼七巧板(5分钟)

见教具(家长自备)

第十关　夹豆(5分钟)

准备两个盘子,一个放满各种形状、大小各异的豆子,另一个空着。豆子一开始可以先是花生米、黄豆、赤豆、绿豆,逐渐增加难度。让孩子正确地使用筷子,将豆子一一夹到空着的盘子里去。豆子的数量可随着孩子的熟练程度的不断提高而增加。

准备材料：盘子、豆子、筷子。

第十一关　看一看,画一画(6分钟)

送你一把伞

森林里的雨景多美啊！森林里的小动物喜欢雨天,撑着花伞在雨里走来走去,是很有趣的。但大象不喜欢雨天,因为它买不到大的雨伞,所以,大象只能呆在家里,真没意思。

下午,下起了雨,大象不愿意呆在家里,它也想体会一下雨天散步的滋味。

小乌龟看见了,大声喊:"大象,你要淋湿了,我的小花伞借给你,可以为你的脚趾头挡挡雨。"

小兔子看见了说:"我的小花伞借给你,可以为你的细尾巴挡挡雨。"

小猴子看见了说:"我的小花伞借给你,可以为你的长牙齿挡挡雨。"

不一会儿来了很多的小动物,它们把雨伞搭在一起,为大象挡雨,结果组成了一把很大的雨伞。大象开心地笑了:"谢谢你们送给我的大雨伞!"

想象力真丰富!画得非常好!

活动三十

第一关 写数字(3分钟)

用最快的速度写出100~1的数字,一口气往下写,中间要求不出错(可以给孩子制造一些干扰,比如敲桌子、敲门、翻报纸等等),看看孩子抗干扰的能力。中间不出错就过关。

_____

_____

_____

_____

_____

_____

你真不简单,倒着也能写得这么准,这么快!

第二关 一模一样(5分钟)

把下面每个图形看一分钟后,凭记忆画出来。(注意每个图形在点状图中横向和纵向的位置,看一个图形时要盖住其他的图形)

第三关 穿数字(5分钟)

把数字 6980 穿过线的中间。见示范:

第四关　字母大串烧(3分钟)

用最快的速度把下面的字母按照顺序抄写在方框里,要求不能碰边,字迹工整。

lskdiodpdidhfygbvnxhsuxjakzmnqdjncmkcklakmxjxlieuryfhsdjskxnd
fgcbxvaxnshsjdfkuetqwgakhsdafsdfhksusjahsdiiopksgdteidufyvbnaqs

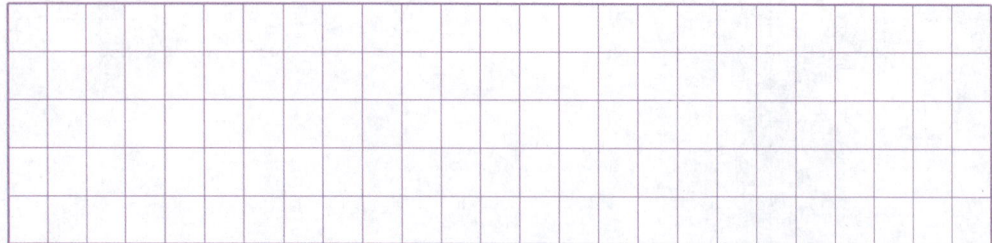

第五关　一笔一画(5分钟)

用最快的速度把下面的字按照正确的笔画顺序写出来。

第六关　写反字母(5分钟)

用最快的速度把下一页的反字母正写出来(如果不是反字母就照抄下来),要求不能涂改。

b	S	x	P	t	C	y	w	i	m	Z	n	e	r	h	S	c	r	p	b	s	v	T	f	g	e
m	b	P	R	n	g	X	e	b	p	r	e	b	b	a	y	g	t	C	f	m	k	h	b	n	O
b	C	W	P	t	m	K	J	h	l	t	f	v	h	s	w	y	e	r	t	y	b	c	T	f	i
f	t	l	P	Z	h	J	f	f	x	S	h	v	k	i	u	Z	k	S	n	r	c	b	Z	y	

记录：错_____个

第七关 对对碰（5分钟）

按顺序将下面1~20的数字数完，并记下每次用的时间，要求在数的时候一边口头报数，一边用手指点数到的数字，注意在数数字时不可以用手或笔比着一行一行地找。

5	15	9	14
20	17	2	8
4	19	12	16
18	6	10	3
7	1	13	11

10	1	16	5
13	17	2	19
5	15	11	8
14	3	18	12
6	20	4	9

11	4	16	9
7	20	3	15
10	13	17	5
2	18	6	19
8	12	1	14

18	9	11	7
5	13	3	15
1	16	10	6
14	8	4	19
2	20	12	17

第八关 对号入座（5分钟）

将所给词语做成卡片，按下列顺序排列。让孩子观看十秒钟，打乱后重新按这一顺序排列，速度越快越好。

第一组：月光　思想　小溪　马上　出发　峡谷
第二组：玻璃　金鱼　玉米　蝴蝶　坦克　军师
第三组：透明　宇宙　奥秘　科学　理解　阅读

第九关 拼七巧板（5分钟）

见教具（家长自备）

第十关　缝图形（5分钟）

准备一些不同形状的图形,让孩子按照图形的轮廓用针线把图形缝起来,图形开始可以简单一些,如线段、十字形,然后逐渐增加图形的复杂性,如长方形、梯形、三角形、圆形等。

准备材料：各种图形、针、线。

第十一关　看一看,画一画（6分钟）

狼的陷阱

一只狼躲在一个山洞里,等待着猎物的到来,但是,好长时间过去了,也未见猎物的踪影。狼想,这一定是陷阱布置得缺少诱惑力,于是,狼采集了一些鲜嫩的青草,沿路撒着,一直延伸到洞里,继续隐藏在洞口等待着猎物,果然一只山羊吃着草走了过来,钻进了洞里。狼大喜,扑上前去,将洞封住,山羊情急下向洞的深处跑去,最后竟然从后面的一个小洞逃走了。

狼十分懊丧,它将洞内所有的其他出口巡视一番后又全部堵住,然后又躲在洞口等待猎物。一会儿,传来了一阵脚步声,一群持枪的猎人蜂拥而入,因洞内所有的出口全被堵住,狼束手就擒。

活动三十一

第一关　写数字（3 分钟）

　　用最快的速度写出 120～1 的数字，一口气往下写，中间要求不出错（可以给孩子制造一些干扰，比如敲桌子、敲门、翻报纸等等），看看孩子抗干扰的能力。中间不出错就过关。

_____
_____
_____
_____
_____

第二关 一模一样（5分钟）

把下面每个图形看一分钟后，凭记忆画出来（注意每个图形在点状图中横向和纵向的位置，看一个图形时要盖住其他的图形）。

第三关 吊数字（5分钟）

把数字 6980 顶着最上面的边吊在每格的线上。见示范：

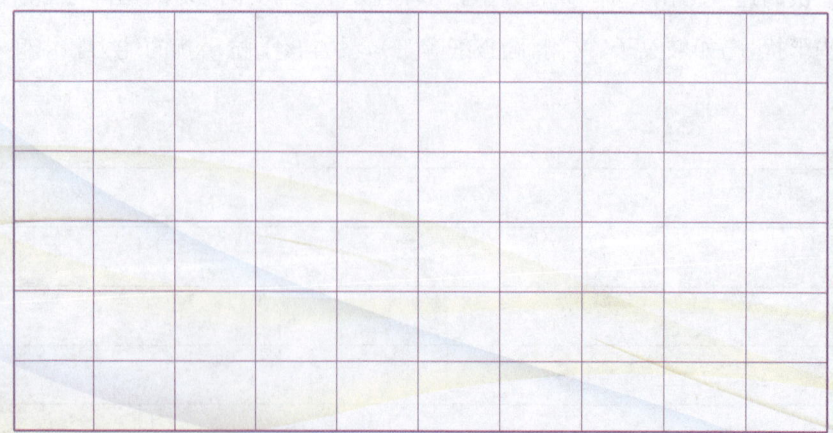

第四关　数字大串烧（3 分钟）

用最快的速度把下面的数字按照顺序抄写在方框里，要求不能碰边，字迹工整。

6985132428578546865454849587944796455126546812360 1
246201458798754680425123548794435632425485469854 32
13685464213854123546820314658465213546845964324854

第五关　一笔一画（5 分钟）

用最快的速度把下面的字按照正确的笔画顺序写出来。

惭									
春									
藏									
解									
演									

萍
谢
美
瘁
蒲
森
蜻

第六关　写反字母(5分钟)

用最快的速度把下面的反字母、数字和汉字正写出来(如果不是反的就照抄下来)，要求不能涂改。

7	R	G	T	小	P	M	5	1	P	3	E	R	9	Y	F	B	C	6
6	R	M	2	K	E	O	4	B	P	H	O	4	P	X	E	5	文	W	2	E
G	R	Y	X	1	S	7	O	F	T	D	F	G	2	X	K	4	N	B	R	7
Y	F	O	C	B	N	G	术	D	R	C	K	3	F	G	R	6	P	S	H	3	谷

　　　　　　　　　　　　　　　　　　　　　　　　记录：错　　　个

第七关　对对碰(5分钟)

按顺序将下面1~25的数字数完，并记下每次用的时间，要求在数的时候一边口头报数，一边用手指点数到的数字，注意在数数字时不可以用手或笔比着一行一行地找。

17	5	19	10	23
9	24	14	4	20
13	3	18	11	8
7	22	2	15	25
12	1	16	21	6

18	25	2	21	7
14	1	20	5	12
4	17	10	15	24
8	19	3	22	16
23	6	11	13	9

19	13	22	7	25
4	9	20	15	11
14	21	5	23	18
1	10	16	3	8
6	17	2	24	12

20	13	7	18	22
4	15	23	3	9
19	2	11	8	17
6	21	1	25	12
16	10	14	5	24

第八关　对号入座(5分钟)

将所给词语做成卡片,按下列顺序排列。让孩子观看十五秒钟,打乱后重新按这一顺序排列,速度越快越好。

第一组：电脑　眼睛　相片　恐龙　高山　猴子
第二组：瀑布　树叶　黄土　岩石　大雪　狂风
第三组：温泉　河流　小船　气候　航行　危险

第九关　拼七巧板(5分钟)

见教具(家长自备)

第十关　夹豆(5分钟)

准备两个盘子,一个放满各种形状、大小各异的豆子,另一个空着。豆子一开始可以先是花生米、黄豆、赤豆、绿豆,逐渐增加难度。让孩子正确地使用筷子,将豆子一一夹到空着的盘子里去。豆子的数量可随着孩子的熟练程度的不断提高而增加。

准备材料：盘子、豆子、筷子。

第十一关　看一看,画一画(6分钟)

猫和老鼠

从前,猫和老鼠是住在一起的好朋友。它们为了冬天不挨饿,就藏了一罐黄油在教堂里。不久,猫的嘴巴馋了,就骗老鼠说:"我姐姐生了一个孩子,我要去看看它,你在家里看好门。"老鼠同意了。猫却偷偷地跑到教堂里把上面一层黄油舔掉了。过了一些日子,猫又馋了。它借口哥哥家生儿子,要去看望,让老鼠在家看家,自己又跑去教堂把黄油吃了一半。一个月后,猫又想吃黄油了。它这次说弟弟家生儿子,又跑到教堂把剩下的黄油全部吃光了。冬天来了,家里的食物都吃光了。老鼠和猫一起到教堂去取黄油,结果发现黄油没有了。老鼠立刻明白了,它骂猫嘴巴太馋,还欺骗人。猫又饿又生气,一把抓住老鼠把它吞了下去。

活动三十二

第一关　写数字(3分钟)

用最快的速度写出120～1的数字,一口气往下写,中间要求不出错(可以给孩子制造一些干扰,比如敲桌子、敲门、翻报纸等等),看看孩子抗干扰的能力。中间不出错就过关。

_____

_____

_____

_____

第二关　一模一样(5分钟)

把下面每个图形看一分钟后,凭记忆画出来。(注意每个图形在点状图中横向和纵向的位置,看一个图形时要盖住其他的图形)

第三关　坐数字（5分钟）

把数字 6980 坐在每格最下面的线上。见示范：

6980	6980
6980	6980

第四关　字母大串烧（3分钟）

用最快的速度把下面的字母按照顺序抄写在方框里，要求不能碰边，字迹工整。

aoeywudhdjkshqoaenxuaodjfyfhcvncjakxmjchdidhsakdsodhjdaksajsksur
eoyfgkcxnjjdksidfjhdhisuyaqsahhfsfoiwusfsfussifsdfoippozuajcbaoirysud
jckcmvjdfhnchdhcv

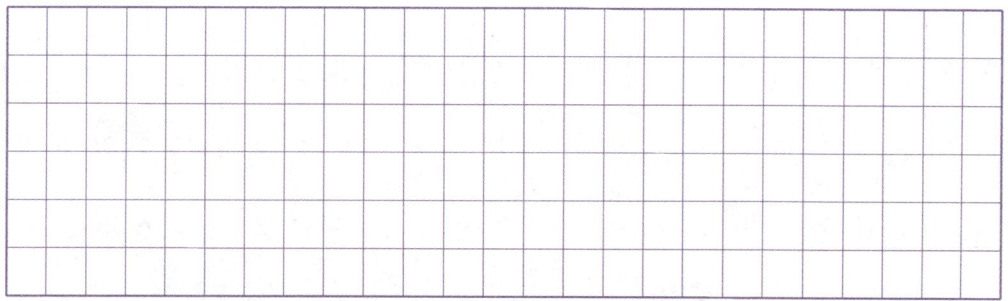

第五关 一笔一画(5分钟)

用最快的速度把下面的字按照正确的笔画顺序写出来。

常													
圈													
傻													
摸													
像													
新													
操													
毅													
蛙													
群													
颗													
翅													

第六关 写反字母(5分钟)

用最快的速度把下一页的反字母、数字和汉字正写出来(如果不是反的就照抄下来),要求不能涂改。

r	3	t	m	f	c	y	e	布	V	X	r	e	风	b	7	n	t	p	y	6	花	t	g	e
9	h	p	r	几	g	e	e	b	p	k	f	b	h	5	y	o	t	z	i	r	足	j	h	5
b	f	7	d	p	t	c	k	什	h	i	f	9	b	s	4	y	r	川	t	y	b	7	t	q
石	f	1	y	p	q	r	5	t	y	e	6	乙	k	y	r	d	7	g	3	b	c	b	八	e

记录：错＿＿＿＿个

第七关　对对碰(5分钟)

按顺序将下面1～25的数字数完，并记下每次用的时间，要求在数的时候一边口头报数，一边用手指点数到的数字，注意在数数字时不可以用手或笔比着一行一行地找。

21	7	11	18	25
16	22	14	5	9
3	24	8	17	19
10	1	13	23	2
6	20	12	4	15

9	15	11	4	17
3	10	24	14	7
13	21	6	22	19
25	16	2	12	23
5	18	8	20	1

4	13	8	15	23
6	16	12	18	3
9	24	5	22	11
20	10	25	14	19
1	17	7	21	2

8	19	4	20	9
15	18	11	25	1
5	21	7	14	22
3	12	16	23	2
10	17	24	6	13

第八关　对号入座(5分钟)

将所给词语做成卡片,按下列顺序排列。让孩子观看十五秒钟,打乱后重新按这一顺序排列,速度越快越好。

第一组：大米　水果　铅笔　衣服　眼镜　优美
第二组：心情　愉快　轻松　汗水　大海　成果
第三组：文具　电视　动画　有趣　准时　情感

第九关　拼七巧板(5分钟)

见教具(家长自备)

第十关　缝图形(5分钟)

准备一些不同形状的图形,让孩子按照图形的轮廓用针线把图形缝起来,图形开始可以简单一些,如线段、十字形,然后逐渐增加图形的复杂性,如长方形、梯形、三角形、圆形等。

准备材料：各种图形、针、线。

第十一关　看一看,画一画(6分钟)

长胡子的老人

有一个村子里的人都认为长胡子的老人最有学问,便把孩子们送到他那里学习知识。有一天,老人带着学生们出门后,发现自己梳胡子的梳子不见了。学生们告诉他："我们看见它掉在路上了,但您没有叫我们捡起来。"老人很生气,说："以后掉下来的东西都要捡起来。"走了一段路之后,老人回头看见学生们累得满头大汗,怀里用衣服包着掉下来的树叶和鸟的羽毛。老人哭笑不得："傻瓜,我叫你们只捡我们自己掉下来的东西。"

又往前走了一段路,一粒沙子被风吹进了老人的眼里。学生们看到后连忙跑到老人的面前。老人感到很奇怪,学生们却一起回答道："我们准备捡您掉下来的眼泪。"

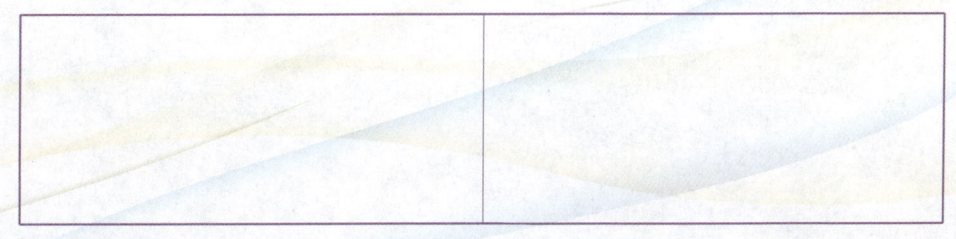

活动三十三

第一关　羊肉串(5分钟)

让曲线穿过 6 的中心(交叉点),每条穿 50 个,占的空间尽可能小。

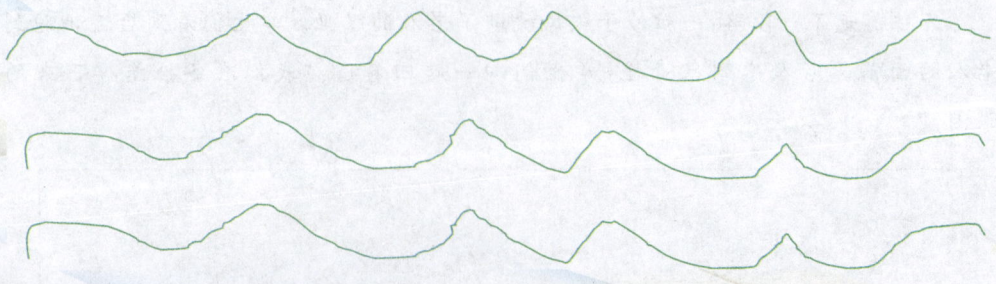

第二关 吊字母(5分钟)

把字母 mnou 顶着最上面的边吊在每格的线上。见示范：

mnou	mnou
mnou	mnou

第三关 字母大串烧(5分钟)

用最快的速度把下面的字母按照顺序抄写在方框里，要求不能碰边，字迹工整。

shsiqopskcmnvhsdkudjfhyerncbajxhnslodifujhgaznmxkcdjhsuade
usdjkdncbvhdytewiskjdsaksdoqpjdhfnvbdshytfdjshkjhdfieoufdksj

alksjdfwqudhvnbmsakoaudjuyeiqjskfuwodjdkfjshancvmvnsgdhcb

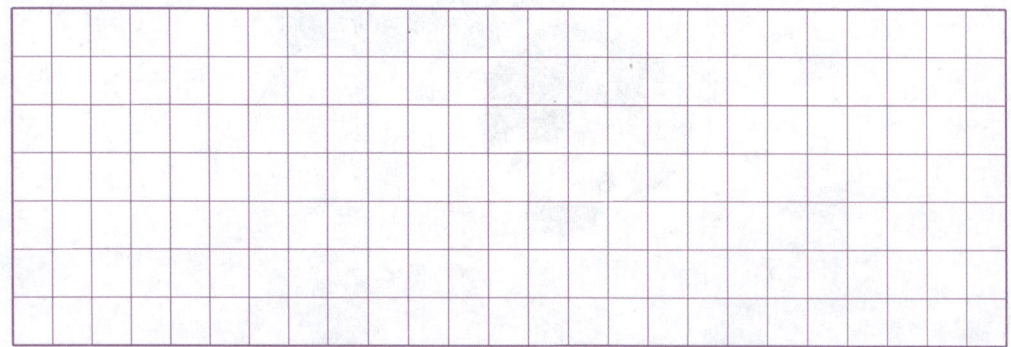

第四关 画面回放(5分钟)

让孩子每个图形看二十秒后盖住凭记忆画出来。（看一个图形时盖住其他图形，画完一个再画另一个）

第五关 打扑克(5分钟)

父母和孩子各拿两张牌，然后各出两张牌快速地抢报出四个数字相加的答案，先答对的为赢家。

第六关 对对碰(5分钟)

根据每个字母所对应的数字，将单词转化成数字。

about_____ black_____ chair_____ desk_____ egg_____

photo_____ snow_____ flower_____ meet_____ factory_____

c_5	e_{30}	r_2	l_{19}	t_9	k_{25}	a_4
p_{11}	m_{28}	i_7	u_{21}	s_{12}	n_{24}	o_{13}
f_{27}	g_{10}	b_8	w_{17}	d_1	h_{15}	y_3

第七关　写反数字(5分钟)

用最快的速度把下面的反数字正写出来,要求不能涂改。

记录:错_____个

第八关　顶沙袋(5分钟)

孩子头上顶一个沙袋,从指定的地点出发,听家长发布命令,进行双脚跳、单脚跳、倒退、加速、减慢,以改变孩子的行动方式和速度。如果头上的沙袋掉下来,则重新开始。也可以由家长和孩子同时玩,两个人或多个人进行比赛,当一个人头上的沙袋掉下来后,那么他就必须定住不动。其他人必须保持自己头上的沙袋不落的情况下,拾起沙袋并将其放回"被定人"的头上,使其恢复自由。过程中不许用手扶自己头上的沙袋,可以放动感的音乐。

第九关　看一看,画一画(6分钟)

奇异的鹅卵石

有个少年捡到一块光滑的鹅卵石,便放在桌子上。第二天起床时,他发现那里有一堆黄灿灿的谷子。少年和爷爷都觉得很奇怪,便顺手把鹅卵石放到了墙角里。第三天早上,墙角里也有了一堆谷子。他们这才知道那是块宝石,便把谷子分给了村里的穷人。贪心的财主听说后,便带人来抢宝石,宝石没找到,他们就抓走了少年的爷爷。少年回家后得知此事,便用宝石换回了爷爷。次日清晨,他们打开家门,发现那块神奇的鹅卵石躺在自家的门口。他们感到十分奇怪,就跑到财主家一看,只见堆得像小山似的谷子把财主家的房子全压塌了,财主也被活活埋在里面死掉了。

第十关　智慧三级跳(5分钟)

靠自己

小蜗牛问妈妈:"为什么我们从生下来,就要背负这个又硬又重的壳呢?"

妈妈:"因为我们的身体没有骨骼的支撑,只能爬,又爬不快。所以要这个壳的保护!"

小蜗牛:"毛虫姐姐没有骨头,也爬不快,为什么她却不用背这个又硬又重的壳呢?"

妈妈:"因为毛虫姐姐能变成蝴蝶,天空会保护她啊。"

小蜗牛:"可是蚯蚓弟弟也没骨头爬不快,也不会变成蝴蝶,他怎么不背这个又硬又重的壳呢?"

妈妈:"因为蚯蚓弟弟会钻土,大地会保护他啊。"

小蜗牛哭了起来:"我们好可怜,天空不保护,大地也不保护。"

蜗牛妈妈安慰他:"所以我们有壳啊!我们不靠天,也不靠地,我们靠自己。"

1. 阅读上面的短文,读错的有_____次。

2. 词组记忆:先给孩子二十秒时间看一遍下面的五个词组,然后盖住下面的词组,让孩子迅速在文章中找出下面的词组,并在下面画线。

　　　妈妈　　身体　　蝴蝶　　蚯蚓　　自己

3. 回答问题:

(1)文章的标题是什么?

(2)文章中一共提到了多少种动物?

(3)一开始小蜗牛向妈妈提出了一个什么问题?

(4)蝴蝶会受到谁的保护?

(5)蚯蚓会受到谁的保护?

(6)最后蜗牛妈妈是怎么回答小蜗牛的?

(7)如果人能听懂蜗牛的话,那么会发生什么事呢?

活动三十四

第一关 羊肉串(5分钟)

让曲线穿过 8 的中心(交叉点),每条穿 50 个,占的空间尽可能小。

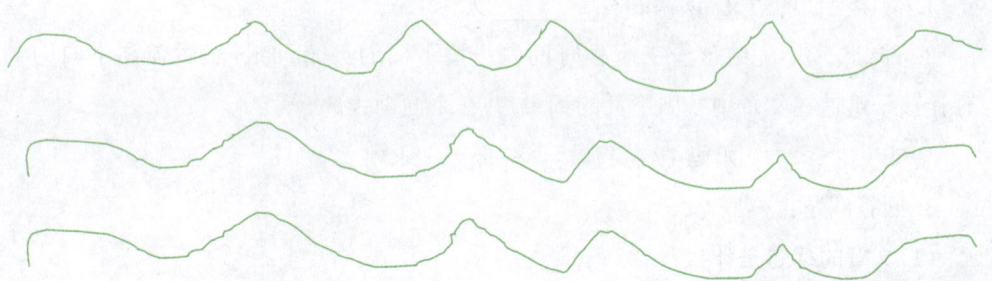

第二关 坐字母(5分钟)

把字母 mnou 坐在每格最下面的线上。见示范:

mnou	mnou
mnou	mnou

这些字母排得真整齐！

第三关　双手画(5分钟)

双手同时拿笔同时画图形。

第一组		第二组		第三组		第四组		第五组	
左手画△	右手画□	左手画○	右手画△	左手画◇	右手画○	左手画□	右手画◇	左手画○	右手画◇

第四关　画面回放(5分钟)

让孩子每个图形看十秒后盖住凭记忆画出来。(看一个图形时盖住其他图形,画完一个再画另一个)

第五关　打扑克（5分钟）

父母和孩子各拿两张牌，然后各出两张牌快速地抢报出四个数字相加的答案，先答对的为赢家。

第六关　对对碰（5分钟）

根据每个字母所对应的数字，将单词转化成数字。

family_____　game_____　dress_____　hand_____　jeep_____

t_{30}	r_2	j_{19}	9	k_{25}	d_4
e_{28}	i_7	v_{21}	y_{12}	n_{24}	o_{13}
m_{10}	g_{27}	17	w_1	h_{15}	u_3
c_{14}	22	s_6	x_{29}	18	f_8
p_{26}	z_5	a_{23}	l_{16}	q_{11}	b_{20}

music_____   evening_____   pig_____   shout_____   coat_____

o_{30}	r_2	i_{19}	t_9	j_{25}	k_4
m_{28}	a_7	e_{21}	s_{12}	g_{24}	n_{13}
10	d_{27}	w_{17}	1	h_{15}	v_3
c_{14}	x_{22}	b_6	u_{29}	f_{18}	8
p_{26}	z_5	23	l_{16}	q_{11}	y_{20}

第七关 写反数字（5分钟）

用最快的速度把下面的反数字正写出来，要求不能涂改。

记录：错_____个

第八关 夹物翻滚（5分钟）

孩子平躺在地上，可以在地上铺上垫子，用脚的内侧夹住皮球，然后左右翻滚，看能坚持多长时间皮球不掉。逐渐地可以把皮球换成毛巾甚至更小的东西。过程中可以放动感音乐。

第九关　看一看,画一画(6分钟)

猎人乌恩

草原上有个年轻的猎人,叫乌恩。一天,他射死了一只正在追逐百灵鸟的老鹰,百灵鸟送给乌恩一匹神马作为答谢。乌恩骑着神马来到一个陌生的国家,发现那里的湖被一条大蟒霸占了,人们都没有水喝。乌恩射死了大蟒,国王为了感谢他,送给他很多财宝。

后来,国王得了重病,只有东山上的灵芝才能治好。乌恩骑上神马直奔东山,经过一番激烈的搏斗,他杀死了守山的九头黑狮,带回了灵芝,治好了国王的病,国王非常高兴,决定将自己的女儿嫁给他,可他却骑着神马走了!

第十关　智慧三级跳(5分钟)

昂起头来真美

珍妮是个总爱低着头的小女孩,她一直觉得自己长得不够漂亮。有一天,她到饰物店去买了只绿色的蝴蝶结,店主不断赞美她戴上蝴蝶结挺漂亮,珍妮虽不信,但是挺高兴,不由昂起了头,急于让大家看看,出门与人撞了一下都没在意。

珍妮走进教室,迎面碰上了她的老师。"珍妮,你昂起头来真美!"老师爱抚地拍拍她的肩说。

那一天,她得到了许多人的赞美。她想一定是蝴蝶结的功劳,可往镜前一照,头上根本就没有蝴蝶结,一定是出饰物店时与人一碰弄丢了。

自信原本就是一种美丽,而很多人却因为太在意外表而失去很多快乐。

1. 阅读上面的短文,读错的有_____次。

2. 词组记忆:先给孩子二十秒时间看一遍下面的五个词组,然后盖住下面的词组,让孩子迅速在文章中找出下面的词组,并在下面画线。

　　　漂亮　　绿色　　教室　　赞美　　快乐

3. 回答问题:
(1)文章的标题是什么?
(2)珍妮是一个什么样的女孩?
(3)一天,她去哪儿买了什么?
(4)她走进教室时老师是怎么说的?
(5)听了故事以后你认为什么才是最漂亮的呢?

(6)你认为用什么方法可以培养人的自信？

活动三十五

第一关　羊肉串(5分钟)

让曲线穿过 6 的空心，每条穿 50 个，占的空间尽可能小。

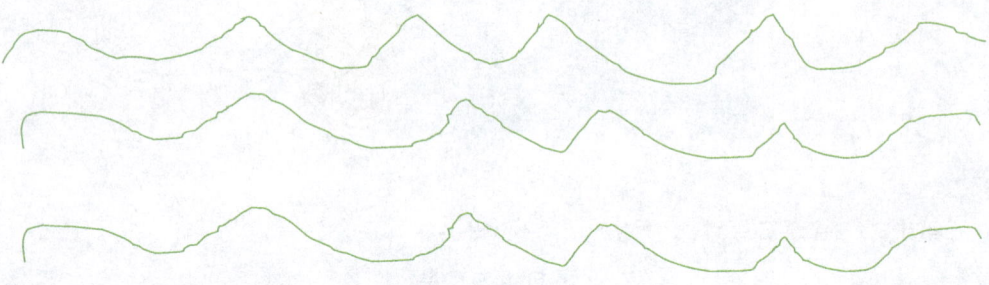

第二关　穿字母(5分钟)

把字母 mnou 穿过线的中间。见示范：

第三关　字母大串烧（5分钟）

用最快的速度把下面的数字按照顺序抄写在方框里,要求不能碰边,字迹工整。

tdhsjalxomsjhdyfhgvbcnzcnzjaldoieufhfhajdhcnajcnzghdxhsgetsjalxmjau xhcnbvgagdqoieyrgfhdjakjxnabxchakcxhatwisjdhfgcbvznxclaodjdfyfhsaj dkauehdjakdhajdakwoyrtfgdshcnzmxcksjdhfgeu

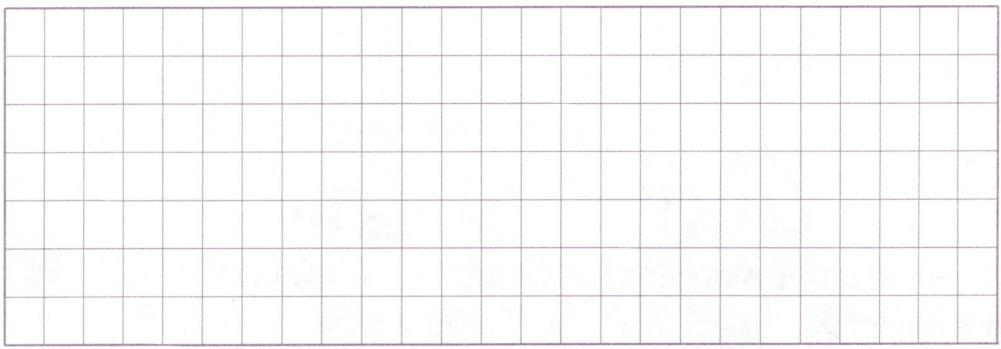

第四关　画面回放（5分钟）

让孩子每个图形看十秒后盖住凭记忆画出来。(看一个图形时盖住其他图形,画完一个再画另一个)

第五关　打扑克(5分钟)

一、父母和孩子各拿两张牌,然后各出两张牌快速地抢报出四个数字相加的答案,先答对的为赢家。

二、父母和孩子各拿两张牌,然后各出两张牌快速地抢报出四个数字相加的答案,先答对的为赢家。

第六关　对对碰(5分钟)

根据每个字母所对应的数字,将单词转化成数字。

light_____　know_____　tiger_____　number_____　office_____

q_{30}	n_2	j_{19}	w_9	25	d_4
e_{28}	k_7	v_{21}	12	h_{24}	o_{13}
m_{10}	r_{27}	p_{17}	a_1	b_{15}	u_3
i_{14}	s_{22}	c_6	l_{29}	x_{18}	f_8
z_{26}	5	g_{23}	y_{16}	11	t_{20}

nice_____ excuse_____ house_____ beautiful_____ would_____

w_{30}	r_2	j_{19}	x_9	n_{25}	e_4
m_{28}	i_7	v_{21}	s_{12}	o_{24}	y_{13}
g_{10}	t_{27}	17	d_1	h_{15}	3
u_{14}	22	k_6	29	b_{18}	c_8
l_{26}	z_5	q_{23}	a_{16}	p_{11}	f_{20}

第七关　写反数字(5分钟)

用最快的速度把下面的反数字正写出来,要求不能涂改。

记录:错_____个

第八关　顶沙袋(5分钟)

孩子头上顶一个沙袋,从指定的地点出发,听家长发布命令,进行双脚跳、单脚跳、倒退、加速、减慢,以改变孩子的行动方式和速度。如果头上的沙袋掉下来,则重新开始。也可以由家长和孩子同时玩,两个人或多个人进行比赛,当一个人头上的沙袋掉下来后,那么他就必须定住不动。其他人必须保持自己头上的沙袋不落的情况下,拾起沙袋并将其放回"被定人"的头上,使其恢复自由。过程中不许用手扶自己头上的沙袋,可以放动感的音乐。

第九关　看一看,画一画(6分钟)

三只山羊

三只山羊过小桥,桥上有只凶残的怪物。第一个过桥的是最小的山羊,它在桥上走,木板发出"咯吱、咯吱"的响声,怪物吼道:"我要一口吞了你。"小山羊的声音很轻:"放过我吧,后面的山羊比我大多了。"怪物让小山羊过了桥。第二只山羊上了桥,木板发出"咯噔、咯噔"的声音,怪物威胁要吃了它。它的声音比小山羊要大一些:"放过我吧,后面的山羊比我大多了。"第二只山羊也过了桥。第三只山羊把木板踏得震天响,小木桥摇晃起来。不等怪物开口,大山羊朝它猛扑过去,用角把它的眼睛顶瞎,怪物掉下桥淹死了。

第十关　智慧三级跳(5分钟)

小树的自由

一棵刚栽下的小树,被束缚在木桩上,它感到很不自在,气愤地指责木桩说:"老东西,你为什么要约束我,剥夺我的自由?"木桩亲切地说:"小兄弟,你刚开始自立,弄不好会栽倒的,我是为了帮助你扎稳根,增强抵御风的能力,扶持你茁壮正直地成长,让你成为有用之才呀!"

"鬼话!"小树心里骂道,"我才不信你这些骗人的鬼话呢,没有你我同样能扎稳根,不用你扶持我同样茁壮正直地成长,你等着瞧吧!"于是,小树凭借风力,故意找别扭,天天和木桩磨来磨去。有一天,它终于把绳索挣断了,感到非常得意,整天随着风东摇西摆地起舞,把根部的泥土晃松动了。一天夜里,一阵疾风骤雨,它被连根拔了起来。第二天一早,岿然不动的木桩望着倒在地上的小树叹道:"你现在感到彻底的自由了吧!"
"不!"小树难过地说,"我现在感到需要约束,可惜已经有点迟了!"

1. 阅读上面的短文,读错的有_____次。

2. 词组记忆:先给孩子二十秒时间看一遍下面的六个词组,然后盖住下面的词组,让孩子迅速在文章中找出下面的词组,并在下面画线。

　　　　　小树　亲切　开始　帮助　得意　难过

3. 回答问题:

(1)文章的标题是什么?
(2)刚栽下去的小树被束缚在什么上?
(3)小树是怎样对木桩说的?
(4)木桩又是怎样回答小树的呢?
(5)小树是怎么样摆脱木桩的束缚的?
(6)后来小树的结果怎样,它又是怎么想的?
(7)小树除了能在土地里栽活,还能在什么环境中长大?

活动三十六

第一关　羊肉串(5分钟)

让曲线穿过8的中心(交叉点),每条穿50个,占的空间尽可能小。

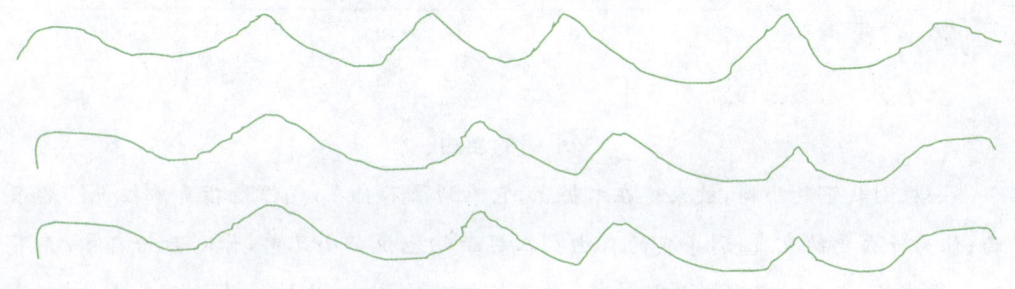

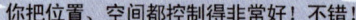

第二关　吊字母(5分钟)

把字母bdec顶着最上面的边吊在每格的线上。见示范:

bdec	bdec
bdec	bdec

第三关 双手画(5分钟)

第一组		第二组		第三组		第四组		第五组	
左手画8	右手画6	左手画4	右手画7	左手画5	右手画3	左手画9	右手画6	左手画2	右手画8

第四关 画面回放(5分钟)

让孩子每个图形看十秒后盖住凭记忆画出来。（看一个图形时盖住其他图形,画完一个再画另一个）

第五关 打扑克(5分钟)

父母和孩子各拿两张牌,然后各出两张牌快速地抢报出四个数字相加的答案,先答对的为赢家。

第六关 对对碰(5分钟)

根据每个字母的所对应的数字,将单词转化成数字。

please_____ uncle_____ park_____ table_____ under_____

j_{30}	2	g_{19}	d_9	25	u_4
e_{28}	w_7	v_{21}	y_{12}	h_{24}	o_{13}
z_{10}	27	p_{17}	a_1	r_{15}	m_3
c_{14}	q_{22}	6	k_{29}	x_{18}	f_8
l_{26}	n_5	i_{23}	t_{16}	b_{11}	s_{20}

play_____ able_____ thank_____ right_____ yellow_____

r_{30}	g_2	j_{19}	h_9	25	e_4
p_{28}	n_7	s_{21}	m_{12}	o_{24}	w_{13}
x_{10}	t_{27}	17	d_1	b_{15}	v_3
14	a_{22}	k_6	i_{29}	f_{18}	c_8
l_{26}	z_5	23	u_{16}	q_{11}	y_{20}

第七关 写反数字(5分钟)

用最快的速度把下一页的反数字正写出来,要求不能涂改。

5	3	4	8	7	1	3	4	5	9	5	6	3	9	5	4	2	8	3	6	1	5	9	2	5
3	6	5	3	9	7	6	2	5	9	5	3	6	4	5	3	2	8	1	2	4	5	3	9	8
6	5	4	2	9	5	7	3	5	8	2	4	3	2	5	1	6	9	3	5	6	4	2	8	3
8	2	9	3	7	4	9	2	5	9	3	8	6	2	1	3	7	4	5	2	7	3	6	2	7
7	6	5	8	9	7	6	9	2	8	5	3	3	4	5	3	2	8	7	2	4	5	9	7	5

记录：错________个

第八关　夹物翻滚（5 分钟）

孩子平躺在地上，可以在地上铺上垫子，用脚的内侧夹住皮球，然后左右翻滚，看能坚持多长时间皮球不掉。逐渐地可以把皮球换成毛巾甚至更小的东西。过程中可以放动感音乐。

翻滚的能力和技巧不错，
希望坚持的时间也越来越长！

第九关　看一看，画一画（6 分钟）

聪明的农夫

一天，农夫看见自己的田里有一堆金币，上面坐着一个小魔鬼。于是，他走过去对小魔鬼说，金币在他的田里，应该是他的。小魔鬼同意把金币给他，但提了一个条件：以后两年内田里种的东西要分它一半，它要长在上面的。农夫同意了。第一年农夫在田里种满了萝卜。收获的季节到了,小魔鬼来拿它的一半,但是地面上全是萝卜的枯叶,它只好眼睁睁看着农夫从地里挖走肥美的萝卜。小魔鬼很生气地说:"明年我要长在下面的。"农夫又同意了它的条件。第二年农夫在田里种了小麦,到了收获的时候,农夫割走了上面的麦子,小魔鬼只得到了麦茬。它气炸了肺,却只能看着农夫拿走了所有的金币。

第十关　智慧三级跳(5分钟)

小猪照镜子

　　小猪的脸总是很脏。

　　小猪过生日那天,他的朋友小兔送给他一面镜子,要他每天出门前照一照,"这样就能知道脸上哪儿有脏,并把脏擦掉。"

第二天一早,为了不让镜子照出脏来,小猪把脸洗得干干净净的。

但当他正要照镜子时,飞来一只苍蝇,扔炸弹一样,把一点苍蝇屎掉到镜子上。这样,镜子里的小猪就成了一只脏小猪。

小猪赶紧拿毛巾来擦脸。擦一次,照一次镜子……怎么老是擦不掉?

"小猪!"小兔来叫小猪去玩。

小猪说:"等一等,我不把脸擦干净是不能出门的。"

"对。"小兔就在门外等。可是等了好久还不见小猪出来。

小兔进去一看,这才弄明白是怎么回事。

"小猪呀,你搞错了。"小兔把镜子上的苍蝇屎给小猪看,"脏的是镜子,你的脸已经擦得很干净很干净了。"

从这以后,每当小猪照镜子,看到镜子里的脸脏了,他就想:"这是镜子脏了,我的脸其实是很干净的。"

所以,尽管小猪天天照镜子,他还是一只脏小猪。

1. 阅读上面的短文,读错的有_____次。

2. 词组记忆:先给孩子二十秒时间看一遍下面的六个词组,然后盖住下面的词组,让孩子迅速在文章中找出下面的词组,并在下面画线。

　　　　生日　　镜子　　炸弹　　明白　　干净　　尽管

3. 回答问题:

(1)文章的题目是什么?

(2)你能说出小猪是什么样子吗?

(3)生日那天小猪收到谁送来的什么礼物?

(4)第二天早上发生了什么事情,小猪又是怎么做的?

(5)你知道小兔弄明白了一件什么事吗?

(6)以后小猪是怎么想的?

(7)你能用什么方法帮小猪改变原来的想法吗?

活动三十七

第一关　羊肉串(5分钟)

让曲线穿过 9 的空心,每条穿 50 个,占的空间尽可能小。

第二关　坐字母(5分钟)

把字母 bdec 坐在每格最下面的线上。见示范：

bdec	bdec
bdec	bdec

第三关　字母大串烧(5分钟)

用最快的速度把下面的字母按照顺序抄写在方框里，要求不能碰边，字迹工整。

gsdjhyeidjakdhcnbzmcxkaiudydhfgajkoqpalsdkcmjdhbvngstqyahsdyausd
jhcnhaiqoajdxnaixyandgaqoangjduydhaishdausydhtajsyaidjhdiqjtqjsncmah
ydgfjdayatisjhakshyfiejdifofjhahsaufqorutizteuwoueyujakxncnakdhfgtqu

第四关　画面回放(5分钟)

让孩子每个图形看十秒后盖住凭记忆画出来。(看一个图形时盖住其他图形,画完一个再画另一个)

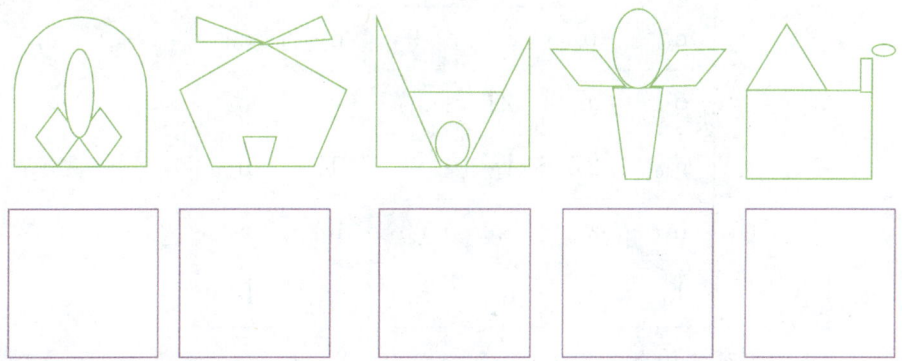

第五关　打扑克(5分钟)

父母和孩子各拿两张牌,然后各出两张牌快速地抢报出四个数字相加的答案,先答对的为赢家。

第六关　对对碰(5分钟)

根据每个字母的所对应的数字，将单词转化成数字。

watch_____　twenty_____　worker_____　yours_____　three_____

g$_{30}$	p$_2$	j$_{19}$	9	w$_{25}$	d$_4$
e$_{28}$	m$_7$	v$_{21}$	y$_{12}$	h$_{24}$	o$_{13}$
10	r$_{27}$	a$_{17}$	l$_1$	15	u$_3$
c$_{14}$	n$_{22}$	s$_6$	29	x$_{18}$	f$_8$
b$_{26}$	z$_5$	i$_{23}$	t$_{16}$	q$_{11}$	k$_{20}$

duty_____　sheep_____　mine_____　full_____　sever_____

c$_{30}$	p$_2$	j$_{19}$	9	n$_{25}$	e$_4$
o$_{28}$	m$_7$	21	s$_{12}$	v$_{24}$	y$_{13}$
g$_{10}$	27	t$_{17}$	x$_1$	15	h$_3$
u$_{14}$	z$_{22}$	k$_6$	r$_{29}$	b$_{18}$	a$_8$
l$_{26}$	i$_5$	q$_{23}$	d$_{16}$	w$_{11}$	f$_{20}$

第七关　写反数字(5分钟)

用最快的速度把下面的反数字正写出来，要求不能涂改。

6	2	1	3	5	4	3	2	7	5	2	3	7	6	2	1	5	3	7	8	4	5	7
8	5	9	8	4	2	9	4	2	9	3	2	1	9	3	6	2	5	9	7	4	0	6	9	2
3	8	6	9	7	5	6	4	6	6	7	1	8	9	5	7	2	6	4	7	4	9	8	3
2	9	3	4	1	2	3	4	7	3	6	2	5	0	9	5	2	3	6	1	3	8	6	2	6
4	9	7	3	1	2	8	5	4	3	5	2	1	3	7	5	4	3	7	8	4	6	5
9	5	3	9	7	1	5	6	4	6	3	2	7	1	8	9	4	7	6	4	5	4	9	9	2

记录：错_____个

第八关　顶沙袋（5分钟）

孩子头上顶一个沙袋,从指定的地点出发,听家长发布命令,进行双脚跳、单脚跳、倒退、加速、减慢,以改变孩子的行动方式和速度。如果头上的沙袋掉下来,则重新开始。也可以由家长和孩子同时玩,两个人或多个人进行比赛,当一个人头上的沙袋掉下来后,那么他就必须定住不动。其他人必须保持自己头上的沙袋不落的情况下,拾起沙袋并将其放回"被定人"的头上,使其恢复自由。过程中不许用手扶自己头上的沙袋,可以放动感的音乐。

第九关　看一看,画一画（6分钟）

聪明的蚂蚁

一只狗熊在一棵树旁吃掉了许多蚂蚁。临走时还自言自语:"蚂蚁真好吃,哪天再来多吃点。"蚂蚁们听了害怕极了,忙聚集起来商量如何对付狗熊。

想啊想啊,蚂蚁们终于想出了一个办法:大家在窝边挖一个坑,在上面铺一层树叶。狗熊只要一来吃蚂蚁,就会掉进坑里去。蚂蚁们不停地挖了好久,终于挖出了一个大坑。坑刚一挖好,狗熊就来了,它看见这么多蚂蚁,高兴极了,正要扑过去,突然咚的一声掉进了深坑里,再也爬不上来了。蚂蚁们跳起舞来欢庆胜利!

第十关　智慧三级跳（5分钟）

慢腾腾的邻居

小猪和小乌龟是邻居，可是小猪一点也不喜欢小乌龟："走路慢腾腾的，真让人受不了！"

一天，小猪忽然肚子疼，疼得在床上打滚儿。隔壁的小乌龟听到了，急忙去请医生。小乌龟用力地爬呀爬，爬过了一个山坡，碰上了小刺猬。小乌龟急忙说："小刺猬、小刺猬，小猪生病了，你比我跑得快，麻烦你快去请医生吧！"小刺猬立即往前跑呀跑，跑过了一个山坡，碰上了小兔子。小刺猬急忙说："小兔子、小兔子，小猪生病了，你跑得比我快，麻烦你快去请医生吧！"小兔子飞快地跑呀跑，一直跑到了鹿医生的诊所。听说了小猪的病情，鹿医生给小猪打了两针，又给小猪服了药。过了一会儿，小猪的肚子不疼了。鹿医生说："真危险，幸好小兔子来的及时，真得谢谢他。""不，是小刺猬告诉我，我才知道的。"小兔子说。"是小乌龟告诉我，我才知道的。"小刺猬说。

大家一齐看着小乌龟。小乌龟不好意思地说："这是我应该做的，没什么。"小猪紧紧抓住小乌龟的手,激动地说:"小乌龟,从今以后让我们做好朋友吧!"

1. 阅读上面的短文,读错的有_____次。

2. 词组记忆:先给孩子二十秒时间看一遍下面的六个词组,然后盖住下面的词组,让孩子迅速在文章中找出下面的词组,并在下面画线。

    邻居 忽然 医生 山坡 诊所 朋友

3. 回答问题:

(1)小猪为什么不喜欢小乌龟?

(2)一天,小猪怎么了,小乌龟是怎么做的?

(3)小乌龟在中途遇到了谁,它是怎么对它说的?

(4)小刺猬又遇到了谁,它又是怎么说的?

(5)小兔子跑到诊所找来了谁?

(6)鹿医生对小猪说了什么?

(7)如果开动物大会,你认为哪种动物最有资格做医生?为什么?

活动三十八

第一关 羊肉串(5分钟)

让曲线穿过8的中心(交叉点),每条穿50个,占的空间尽可能小。

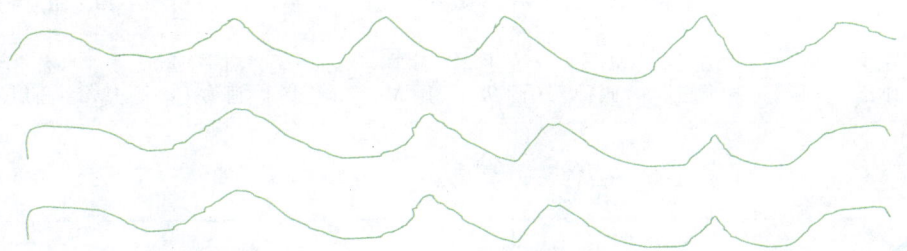

第二关 穿字母(5分钟)

把字母 dbeo 穿过线的中间。见示范:

dbeo	dbeo

第三关　双手画（5分钟）

第一组		第二组		第三组		第四组		第五组	
左手画B	右手画D	左手画〇	右手画◇	左手画木	右手画田	左手画◇	右手画□	左手画Z	右手画J

第六组		第七组		第八组		第九组		第十组	
左手画△	右手画□	左手画王	右手画日	左手画W	右手画M	左手画□	右手画◇	左手画大	右手画川

左右手配合得这么好，佩服佩服！

第四关　画面回放(5分钟)

让孩子每个图形看十秒后盖住凭记忆画出来。(看一个图形时盖住其他图形,画完一个再画另一个)

第五关　打扑克(5分钟)

一、父母和孩子各拿两张牌,然后各出两张牌快速地抢报出四个数字相加的答案,先答对的为赢家。

二、父母和孩子各拿两张牌,然后各出两张牌快速地抢报出四个数字相减的答案,先答对的为赢家。

第六关　对对碰(5分钟)

根据每个字母所对应的数字,将单词转化成数字。

teacher_____　doctor_____　student_____　class_____　room_____

g_{30}	e_2	j_{19}	w_9	v_{25}	d_4
b_{28}	y_7	21	o_{12}	h_{24}	13
m_{10}	r_{27}	p_{17}	1	k_{15}	u_3
c_{14}	l_{22}	s_6	i_{29}	x_{18}	f_8
a_{26}	z_5	n_{23}	t_{16}	q_{11}	20

morning_____　eye_____　phone_____　eight_____　after_____

t_{30}	r_2	j_{19}	x_9	k_{25}	e_4
n_{28}	i_7	p_{21}	s_{12}	h_{24}	y_{13}
g_{10}	m_{27}	17	a_1	w_{15}	o_3
u_{14}	22	d_6	29	b_{18}	c_8
l_{26}	z_5	q_{23}	v_{16}	11	f_{20}

第七关　写反数字（5分钟）

用最快的速度把下面的反数字正写出来，要求不能涂改。

记录：错_____个

第八关　夹物翻滚（5分钟）

孩子平躺在地上，可以在地上铺上垫子，用脚的内侧夹住皮球，然后左右翻滚，看能坚持多长时间皮球不掉。逐渐地可以把皮球换成毛巾甚至更小的东西。过程中可以放动感音乐。

第九关　看一看，画一画（6 分钟）

烙饼和猪

　　有一位妈妈和孩子在家干活。一会儿，孩子饿了，大声说要吃烙饼。妈妈就把一张烙饼放在锅里烙着。烙饼一听自己要被吃掉，忙从锅里跳出来。接着，它像车轮一样朝前一滚，滚出了家门，滚到路上。"别跑！"孩子和妈妈拿着锅铲追来，可是烙饼朝前拼命滚，谁也追不上它。滚了好久碰到一只公鸡，公鸡说："让我吃掉你吧！"烙饼说："好不容易逃出来，我不让你吃掉！"后来，烙饼又遇到一头猪。猪说："我们一块走吧。"到了一条河边，猪下水浮起来，可是烙饼不敢下水。猪说："你坐在我嘴巴上过去吧。"烙饼坐到了猪的嘴巴上，猪一口把它吞了下去。

第十关　智慧三级跳(5分钟)

兔兔跳绳

有一天,天气很好,兔兔约了一些朋友到树林的空地上跳绳。他们欢快的声音,吵醒了正在午睡的懒懒猫。懒懒猫火冒一丈高,他使劲地踩了一下脚,大声叫道:"你们把我吵醒啦!"可是兔兔和朋友们没有听见,他们还在边唱儿歌边跳绳:"小白兔,跳跳跳……"懒懒猫火冒两丈高,他使劲地踩坏了两只碗,大声叫道:"你们把我吵醒啦!"可是兔兔和朋友们没有听见,他们还在边唱儿歌边跳绳:"小白兔,蹦蹦蹦……"懒懒猫火冒三丈高,他使劲地踏坏了三个盘子,大声叫道:"你们把我吵醒啦!"可是兔兔和朋友们没有听见,他们还在边唱儿歌边跳绳:"小白兔,转三圈……"

懒懒猫非常生气,使劲往外一扑,一下子跌到了兔兔跳绳的草地上。兔兔看见懒懒猫,问他:"你为什么会跌跤啊?"懒懒猫不好意思地说:"我……我很喜欢看你们跳绳,看得太出神了,所以就……""哦,原来是这样啊!我们再跳给你看啊!"兔兔说。这次,懒懒猫真的看了起来,听到他们欢快的声音,懒懒猫也非常开心!

1. 阅读上面的短文,读错的有_____次。

2. 词组记忆:先给孩子二十秒时间看一遍下面的六个词组,然后盖住下面的词组,让孩子迅速在文章中找出下面的词组,并在下面画线。

　　　　天气　　树林　　声音　　儿歌　　跳绳　　开心

3. 回答问题:

(1)兔兔约了朋友在树林里玩什么?

(2)它们欢乐的声音吵醒了谁,它是什么反应?

(3)兔兔和它的朋友在玩什么,有没有听到懒懒猫说的话?

(4)兔兔们有没有听到懒懒猫第二次说的话?

(5)他们又在做什么?

(6)懒懒猫受兔兔们的影响感觉怎么样?

(7)你想象中的懒懒猫是什么样子的?试着画一画。

活动三十九

第一关　羊肉串(5分钟)

让曲线穿过 6 的空心,每条穿 50 个,占的空间尽可能小。

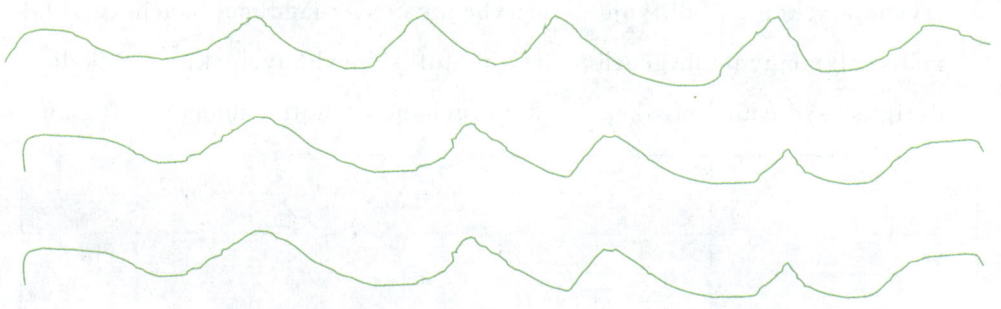

第二关　吊字母(5分钟)

把字母 mneo 顶着最上面的边吊在每格的线上。见示范:

mneo	mneo
mneo	mneo

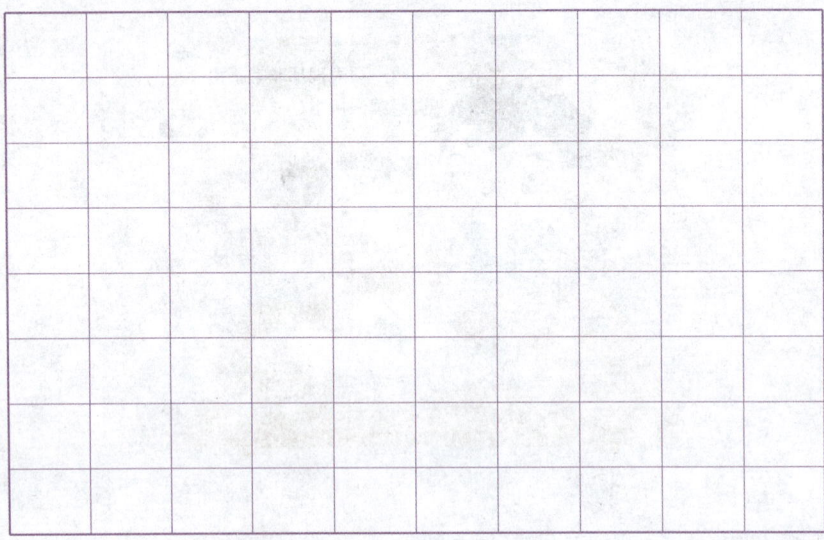

第三关 字母大串烧(5分钟)

用最快的速度把下面的字母按照顺序抄写在方框里,要求不能碰边,字迹工整。

rryehdjalxckcmajghdhfyqjdidjvmnxbcgakaiosywqagdbcnjdiaocjnkgtsdfak
xiahxnalxmcjuydetdhfgcbznxbcjaslcokidufhsjdncvhgdyehjaknvbcmaksliey
dytfghsjaksdhcnjhyeifgakcbakcnkahhfuehaudhfqiuofhdjshoqgwyrtfhgjabr

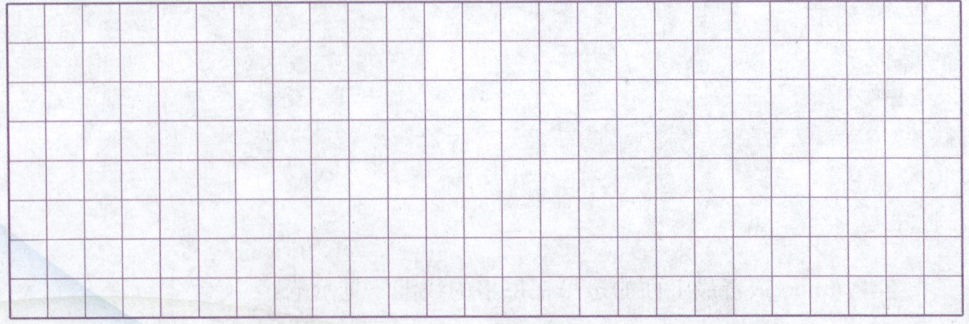

第四关 画面回放(5分钟)

让孩子每个图形看十秒后盖住凭记忆画出来。(看一个图形时盖住其他图形,画完一个再画另一个)

第五关 打扑克（5分钟）

父母和孩子各拿两张牌，然后各出两张牌快速地抢报出四个数字相加的答案，先答对的为赢家。

第六关 对对碰（5分钟）

根据每个字母所对应的数字，将单词转化成数字。

name_____ apple_____ banana_____ hello_____ orange_____

30	g_2	j_{19}	w_9	o_{25}	d_4
e_{28}	p_7	v_{21}	y_{12}	h_{24}	13
m_{10}	r_{27}	n_{17}	a_1	k_{15}	u_3
c_{14}	22	s_5	q_{29}	x_{18}	f_8
l_{26}	z_5	i_{23}	t_{16}	11	b_{20}

stop_____ bus_____ close_____ happy_____ football_____

a_{30}	b_2	c_{19}	d_9	e_{25}	f_4
g_{28}	i_7	p_{21}	s_{12}	24	y_{13}
z_{10}	27	t_{17}	x_1	h_{15}	o_3
u_{14}	w_{22}	k_6	29	n_{18}	j_8
l_{26}	m_5	23	v_{16}	q_{11}	r_{20}

第七关　写反数字（5分钟）

用最快的速度把下面的反数字正写出来，要求不能涂改。

8	9	5	1	2	3	0	2	4	5	9	3	6	5	9	5	3	1	7	8	4	3	5
4	2	6	5	4	2	3	8	2	3	5	4	6	3	5	5	9	5	2	7	9	6	3
3	8	2	4	6	5	3	9	6	1	5	2	3	4	7	8	5	3	7	5	9	2	4
4	7	3	2	4	2	8	1	5	3	2	4	6	3	2	9	3	2	9	7	6	5	9
5	3	6	3	7	2	0	3	5	6	2	7	8	3	5	2	3	9	4	7	8	9	2

记录：错_____个

不要被它吓倒，要向它挑战！

第八关　顶沙袋（5分钟）

孩子头上顶一个沙袋，从指定的地点出发，听家长发布命令，进行双脚跳、单脚跳、倒退、加速、减慢，以改变孩子的行动方式和速度。如果头上的沙袋掉下来，则重新开始。也可以由家长和孩子同时玩，两个人或多个人进行比赛，当一个人头上的沙袋掉下来后，那么他就必须定住不动。其他人必须保持自己头上的沙袋不落的情况下，拾起沙袋并将其放回"被定人"的头上，使其恢复自由。过程中不许用手扶自己头上的沙袋，可以放动感的音乐。

第九关　看一看，画一画（6分钟）

狐狸和啄木鸟

森林里猎人挖了一个又一个陷阱。

一天，狐狸不小心掉进了陷阱，它大喊大叫、乱蹦乱跳，怎么也出不来。啄木鸟看见了问它在干什么，它说在挖地基准备盖房子。啄木鸟信以为真，央求它帮自己挖地基。狐狸计上心来，它让啄木鸟扔树枝下来填满大坑，自己踩着树枝跳出陷阱；又让啄木鸟啄穿牛奶桶让它饱餐一顿；还让啄木鸟捉弄在田里工作的农民供自己取乐。啄木鸟知道被骗了，很生气，将狐狸带到猎人家门口，飞到门前啄门。猎狗跑出来，看到狐狸就猛地扑上去，狐狸吓得连忙逃走，一不小心又掉进了猎人的陷阱。

第十关　智慧三级跳(5分钟)

小鼹鼠请客

春天来了,动物王国家家户户都在装修新房。小鼹鼠也在忙着买地板、瓷砖,装修房子。

小鼹鼠最先修好了房子。他的小地宫修得可漂亮啦！他想,应该把要好的朋友请来,一块儿庆祝庆祝。于是,他向小鹦鹉、小山羊、小松鼠和小白兔发出了请帖。

不知为什么,只有小白兔按时来到了,这使小鼹鼠非常失望。他伸着脑袋向屋外张望,希望有更多的客人到他家来做客,没想到冷落了小白兔。

小鼹鼠自言自语地说:"唉——没想到,该来的没有来！"

小白兔不高兴了,它想:原来小鼹鼠认为我是不该来的呀！我走吧！

小鼹鼠见小白兔要走,怎么留也留不住。正在这时,小山羊、小鹦鹉和小松鼠来到了小鼹鼠的家。

小鼹鼠没有拦住小白兔,心中十分懊恼,他摊开双手说:"唉——不该走的走了!"

小山羊、小鹦鹉和小松鼠都惊呆了,他们你看看我,我看看你,心想:原来我们都是该走的呀!三个小伙伴连个招呼都没有打,悄悄离开了小鼹鼠的家。

家中又只剩下小鼹鼠一个。桌上的饭菜都凉了,连动都没有动,小鼹鼠好伤心哟!

1. 阅读上面的短文,读错的有_____次。

2. 词组记忆:先给孩子三十秒时间看一遍下面的八个词组,然后盖住下面的词组,让孩子迅速在文章中找出下面的词组,并在下面画线。

春天　动物　庆祝　非常　做客　冷落　鹦鹉　伤心

3. 回答问题:

(1)文章的题目是什么?

(2)春天来了,动物王国家家户户都在忙什么?

(3)小鼹鼠又在忙什么?

(4)小鼹鼠都给谁发了请帖?

(5)可是只有谁来了?

(6)小鼹鼠说了什么话让小白兔不高兴地走了?

(7)后来小鼹鼠家又来了谁?

(8)小鼹鼠又说了一句什么话让后来的好朋友也走了?

(9)请你帮小鼹鼠想一个好办法,使得他和好朋友言归于好!

活动四十

第一关　羊肉串(5分钟)

让曲线穿过 9 的中心(交叉点),每条穿 50 个,占的空间尽可能小。

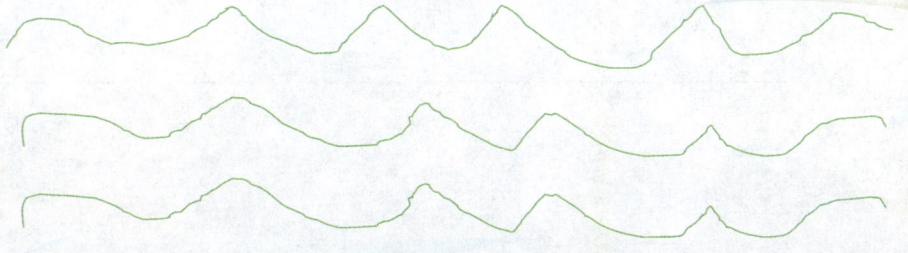

第二关　坐数字(5分钟)

把字母 pqao 坐在每格最下面的线上。见示范：

pqao	pqao		
pqao	pqao		

第三关　双手画(5分钟)

第一组		第二组		第三组		第四组		第五组	
左手画3	右手画8	左手画◇	右手画○	左手画b	右手画d	左手画5	右手画2	左手画T	右手画Y

第六组		第七组		第八组		第九组		第十组	
左手画口	右手画△	左手画目	右手画王	左手画q	右手画p	左手画口	右手画○	左手画川	右手画天

第四关　画面回放(5 分钟)

让孩子每个图形看十秒后盖住凭记忆画出来。(看一个图形时盖住其他图形,画完一个再画另一个)

第五关　打扑克(5 分钟)

父母和孩子各拿两张牌,然后各出两张牌快速地抢报出四个数字相加的答案,先答对的为赢家。

第六关　对对碰(5 分钟)

根据每个字母所对应的数字,将单词转化成数字。

father_____　mother_____　sister_____　brother_____　friend_____

g₃₀	2	j₁₉	w₉	25	d₄
e₂₈	7	v₂₁	y₁₂	h₂₄	o₁₃
m₁₀	r₂₇	p₁₇	a₁	15	u₃
c₁₄	n₂₂	s₆	k₂₉	x₁₈	f₈
l₂₆	z₅	i₂₃	t₁₆	q₁₁	b₂₀

whose＿＿　food＿＿　wish＿＿　fish＿＿　round＿＿

z₃₀	b₂	c₁₉	d₉	e₂₅	f₄
j₂₈	a₇	p₂₁	12	t₂₄	y₁₃
w₁₀	i₂₇	17	u₁	h₁₅	o₃
k₁₄	n₂₂	q₆	x₂₉	18	s₈
l₂₆	m₅	23	v₁₆	g₁₁	r₂₀

第七关　写反数字（5分钟）

用最快的速度把下面的反数字正写出来，要求不能涂改。

[镜像反写数字练习表格]

记录：错_____个

第八关　夹物翻滚（5分钟）

孩子平躺在地上，可以在地上铺上垫子，用脚的内侧夹住皮球，然后左右翻滚，看能坚持多长时间皮球不掉。逐渐地可以把皮球换成毛巾甚至更小的东西。过程中可以放动感音乐。

第九关　看一看，画一画（6分钟）

三只小鸡的朋友

一只母鸡孵了三只小鸡。一天，鸡妈妈带着小鸡在树林边觅食，突然窜出一只野猫把鸡妈妈拖走了。三只小鸡决心找野猫算账为妈妈报仇。当它们走到一条小水沟时，看到一只螃蟹。螃蟹说："野猫真可恶，我愿意和你们一起去对付它。"三只小鸡带着螃蟹继续往前走。后来，它们又遇见了冬瓜，冬瓜得知此事也跟它们一起去了。小鸡和小伙伴们来到野猫的住处。小公鸡对野猫说："你吃掉了我们的妈妈，今天我们是来找你算账的！"野猫听了，吃惊地往后一退，掉进了水缸里。躲在水缸里的螃蟹张开钳子夹住了它的尾巴，野猫想逃也逃不掉，这时冬瓜从楼上滚下来，正好砸在野猫的头上，把野猫砸死了。小鸡、螃蟹和冬瓜成了好朋友。

第十关　智慧三级跳(5分钟)

羊狼签约

山羊们集会在一起,写了一封信给狼说:"为什么你们总是永无宁日地与我们作战呢?现在我们恳求你们,和我们和平相处吧,我们大家讲和了吧!"

群狼对此非常高兴,立刻写了一封长信,伴着许多礼物,送给了山羊们。狼在信上说:

"刚才知悉你们美妙的决议,我们真是十分的喜悦。这个和平的消息真是太好了,它能使四海欢腾、载歌载舞。但我们要告诉你们:就是那些牧羊人和他们所养的狗,是使我们互相敌视和斗争的主要原因。如果你们能设法摒弃了他们,和平便可以立刻实现。"

山羊们果然听了狼的话,把牧羊人和狗全都赶跑了,并与狼签订了和平条约,双方声明永远友好。

山羊们于是在山之巅、水之涯悠闲地散步,一点也用不着担心了,它们非常感谢上帝。

群狼静候了几天,便集合在一起,突然袭击羊群,可怜的山羊们没有一只幸免于难。

1. 阅读上面的短文,读错的有＿＿＿＿次。

2. 词组记忆:先给孩子三十秒时间看一遍下面的八个词组,然后盖住下面的词组,让孩子迅速在文章中找出下面的词组,并在下面画线。

　　集会　　恳求　　和平　　喜悦　　礼物　　美妙　　斗争　　条约

3. 回答问题:

(1) 文章的标题是什么?

(2) 山羊们为什么集会在一起?

(3) 狼在回信上是怎么写的?

(4) 山羊听信了狼的话了吗?

(5) 山羊和狼签订的和平条约中声明了什么?

(6) 以后山羊在哪些地方悠闲地散步?

(7) 狼和山羊真的达成共识了吗?

(8) 假如山羊和狼真的和平相处了,会发生什么事情呢?

后　记

　　深秋的日子里,轻轻合上电脑,春华秋实,经历了许多日子的辛勤耕耘,我在暖暖的阳光里畅快地笑了,把自己的想法和思路变成了一个个的铅字,像麦田里金黄色的麦穗。

　　写作中每每会浮现出一幅画面:蓝天、艳阳、清风、绿草,一个孩子跑着、喊着、笑着,撒欢地放着风筝,父母跟着孩子,跟着风筝。因为孩子的快乐而微笑,因为孩子鲜活的生命而骄傲。两代人的视线都投向天宇的小风筝,那是一个希望:让生命自由高飞。

　　这种朴素的幸福感像春天的希望一样诱惑我:我为希望而耕耘,于是我收获秋天,倾听花开的声音。

　　心灵是生命的花朵,我有幸倾听到来自全国各地的孩子、父母、还有老师的心声——有孩子成长的困惑,有年轻的期盼,有父母真挚的关爱与几许焦虑,有老师对教育的认知与反思。感谢你们把这些疑惑告诉我,让我在实践中探索真实,追寻教育的真善美。

　　这让我想起法布尔在《昆虫记》中感悟的:"不管我们的照明灯能把光线投射到多远,照明圈外依然死死围挡着黑暗。我们四周都是未知事物的深渊黑洞,但我们应为此而感到心安理得,因为我们已经注定要做的事情,就是使微不足道的已知领域再扩大一点范围。我们都是求索之人,求知欲牵着我们的神魂,就让我们从一个点到另一个点地移动着我们自己的提灯吧。随着一小片一小片的面目被认识清楚,人们最终也能把整体画面的某个局部拼制出来。"这段话,是法布尔对科学理解上的苦闷中的顿悟,对教育也有着同样的指引。让我们都来移动我们手中的照明灯吧!一点点照亮教育周围的黑暗,让更多的父母和孩子在不断扩大的光明里享受着快乐和幸福。

汪　骏

二〇〇九年十月于南京广州路海苑

图书在版编目(CIP)数据

写作业不拖拉高效训练方案40单元精华课程 / 汪骏编著. -- 合肥：黄山书社，2017.7
 ISBN 978-7-5461-6503-5

Ⅰ.①写… Ⅱ.①汪… Ⅲ.①小学生-学习方法-家庭教育 Ⅳ.①G622.46②G782

中国版本图书馆CIP数据核字(2017)第169562号

写作业不拖拉高效训练方案 40单元精华课程
XIEZUOYE BUTUOLA GAOXIAO XUNLIAN FANGAN 40 DANYUAN JINGHUA KECHENG

汪骏 编著

出 品 人：葛永波	责任编辑：黄 珊
责任编辑：丁世斌	装帧设计：猫头鹰工作室

出版发行：黄山书社(http://www.hspress.cn)
（合肥市蜀山区翡翠路1118号出版传媒广场7层 邮编：230071）

经　　销：新华书店　　　　　　　营销部电话：025-66989810
　　　　　　　　　　　　　　　　　　　　　　　0551-63533726

印　　刷：句容元亨印刷有限公司

开　本：787mm×1092mm　1/16　　印　张：15.5　　字　数：250千字
版　次：2017年8月第1版　　2024年4月第5次印刷
书　号：ISBN 978-7-5461-6503-5　　　　　　　　定　价：49.80元

版权所有　侵权必究
(图书凡印刷、装订错误可及时与承印厂联系调换)